Parvana

Une enfance en Afghanistan

Deborah Ellis

Deborah Ellis est née dans l'Ontario, où elle a passé son enfance. Aujourd'hui, elle travaille à Toronto dans le domaine de la santé mentale. Militante pour la non-violence dès l'âge de dix-sept ans, Deborah Ellis travaille dans un mouvement pour la paix. Plus tard, elle s'investit dans un mouvement en faveur de l'égalité des femmes et la justice économique. Mais son engagement le plus fort est politique : Deborah Ellis est une fervente antimilitariste.

Du même auteur :

- Le voyage de Parvana
- On se reverra, Parvana
- Binti, une enfance dans la tourmente africaine

DEBORAH ELLIS

Parvana

Une enfance en Afghanistan

Traduit de l'anglais (Canada)
par Anne-Laure Brisac

1

« Moi aussi je suis capable de lire cette lettre, aussi bien que papa, murmura Parvana en enfouissant son visage dans les plis de son tchador[1]. Enfin, presque aussi bien. »

Elle n'osait pas parler trop fort. Pas question que l'homme assis à côté de son père ne l'entende. Ni personne d'autre, sur le marché de Kaboul. La seule raison pour laquelle Parvana avait le droit de se trouver là était qu'elle devait aider son père à se rendre à pied au marché, puis à rentrer à la maison après son travail. Elle s'installait sur la couverture loin derrière

1. Tchador : pièce de tissu portée par les femmes et les filles lorsqu'elles sortent ; elle leur recouvre les cheveux et les épaules.

lui, et elle s'arrangeait pour qu'on puisse à peine la voir sous son tchador.

En principe, il lui était absolument défendu de sortir : les taliban[1] avaient donné l'ordre à toutes les femmes et toutes les filles d'Afghanistan de rester chez elles. Les filles avaient même interdiction de se rendre à l'école. Parvana avait dû quitter la classe – elle était en sixième – et sa sœur Nooria n'avait même pas le droit d'aller au lycée. Leur mère, rédactrice pour une station de radio de Kaboul, avait été mise à la porte. Cela faisait déjà plus d'un an qu'elles passaient toutes leurs journées enfermées dans une seule pièce, avec Maryam, la petite sœur de Parvana, qui avait cinq ans, et Ali, âgé de deux ans.

Mais presque tous les jours, Parvana sortait durant quelques heures pour aider son père à marcher. Elle adorait ces sorties, même si cela voulait dire qu'elle devait rester assise des heures entières sur une couverture étalée par terre, à même le sol en terre battue de la place du marché. Au moins, comme cela, elle avait quelque chose à faire. Elle avait même fini par s'habituer à ne jamais parler et à garder le visage caché sous son tchador.

Elle était encore petite, malgré ses onze ans – ce qui lui permettait la plupart du temps d'accompagner quelqu'un dehors sans avoir à subir d'interrogatoire.

---

1. Taliban : membres du parti religieux (musulman actuellement au pouvoir).

« J'ai besoin d'elle, elle m'aide à marcher », disait son père en désignant sa jambe aux taliban qui le questionnaient. Un jour, le lycée où il était professeur avait été bombardé, et il avait dû être amputé. Il avait été blessé au ventre, également. Depuis, il avait de la peine à marcher, et il se fatiguait facilement.

« À la maison, il n'y a pas de garçon, enfin si, mais c'est un bébé », expliquait-il. Sur la couverture, Parvana se recroquevillait, à l'écart, en essayant de se faire toute petite. L'idée de lever les yeux vers les soldats la terrifiait. Elle les avait vus faire, surtout avec les femmes : ils donnaient des coups de fouet et bastonnaient tous ceux qui méritaient, à leurs yeux, d'être châtiés.

Au bout de plusieurs jours, à force de rester là au marché sans rien faire, elle en avait vu, des soldats. Quand les taliban effectuaient leur ronde, son souhait le plus cher était de disparaître et qu'on ne la voie plus.

Le client était en train de demander à son père de lui relire la lettre.

« Pas trop vite, s'il vous plaît : comme ça, je m'en souviendrai et je dirai à ma famille ce qu'il y a dedans. »

Parvana aurait bien aimé recevoir une lettre. Depuis quelques jours, la distribution du courrier avait repris, après des années d'interruption pour cause de guerre. Elle avait perdu de vue beaucoup de ses amis, qui s'étaient enfuis à l'étranger avec leurs familles. Sans doute étaient-ils au Pakistan, se disait-elle, mais elle n'en était pas sûre : il était difficile de leur écrire. Quant à sa propre famille, elle avait déménagé tellement de fois à cause des bombardements que plus personne de son entourage ne savait où elle vivait. « Les Afghans habitent la Terre comme les étoiles habitent le ciel », disait souvent son père.

Il acheva la seconde lecture de la lettre ; le client le remercia et le paya.

« Je viendrai vous voir pour la réponse. »

La plupart des Afghans ne savaient ni lire ni écrire. Parvana avait de la chance : ses deux parents avaient fait des études à l'Université, et à leurs yeux l'instruction était une chose importante, même pour les filles.

Tout l'après-midi, les clients défilèrent devant le père de Parvana. La plupart s'exprimaient en dari[1] ; c'était la langue que Parvana parlait le mieux. Quand l'un d'eux parlait en pachtou[2], elle comprenait à peu près ce qu'il disait, mais ce n'était pas très facile : il lui manquait des mots. En plus du dari et du pachtou, ses parents parlaient aussi l'anglais ; des années plus tôt, son père avait été étudiant en Angleterre.

Il y avait beaucoup de monde, au marché. Les

1. Dari : l'une des nombreuses langues parlées en Afghanistan.
2. Pachtou : l'une des deux langues principales parlées en Afghanistan.

hommes faisaient les courses pour leur famille ; on entendait les colporteurs livrer leurs marchandises et vendre leurs services à grands cris. Certaines boutiques, comme celles des marchands de thé, avaient un petit stand à elles. Il fallait loger une grande fontaine à thé et des rangées de tasses dans un tout petit espace. Les garçons qui servaient la boisson allaient et venaient sans cesse, se faufilaient dans les rues du marché, un vrai labyrinthe ; ils portaient le thé aux clients qui ne pouvaient pas quitter leur boutique, puis ils revenaient avec les tasses vides.

« Je pourrais faire ça, moi aussi », murmura Parvana.

Elle aurait adoré pouvoir se promener à travers les ruelles alentour, partir à la découverte de tous les petits recoins secrets et les connaître aussi bien qu'elle connaissait les quatre murs de sa maison.

Son père se tourna vers elle.

« Je préférerais plutôt te voir courir dans une cour d'école », dit-il.

Il reprit sa position et interpella les passants :

« Écrivain public ! Écrivain public ! Vous avez quelque chose à écrire ? quelque chose à lire ? En pachtou ? en dari ? Très bons prix ! Très bon service ! »

Parvana fronça les sourcils. Ce n'était pas de sa faute si elle ne pouvait plus aller à l'école ! Elle aussi, elle aurait préféré y être, plutôt que de rester là, assise sur une couverture rugueuse, à se faire mal au dos et aux fesses. Ses amis lui manquaient, sa blouse bleue et blanche d'écolière aussi ; et elle aurait bien aimé y retourner pour apprendre chaque jour quelque chose de nouveau.

Ce qu'elle aimait par-dessus tout à l'école, c'était l'histoire, surtout l'histoire de son pays. Tous les peuples du monde étaient venus en Afghanistan : les Aryens, quatre mille ans auparavant ; Alexandre le Grand, également ; puis les Grecs, les Arabes, les Turcs, les Britanniques ; et enfin les Soviétiques. Un conquérant, Tamerlan de Samarkand, avait décapité ses ennemis, avait fait de leurs têtes de gigantesques piles, comme des melons sur l'étal d'un marchand de fruits et légumes.

Mais, à présent, c'étaient les taliban et leur milice qui tenaient les rênes du pays. Ils étaient pachtous et ils avaient des idées très arrêtées sur la façon dont le pays devait être gouverné. Ils s'étaient emparés de la capitale, Kaboul, et avaient interdit aux filles d'aller à l'école. Sur le moment, Parvana n'en fut pas trop malheureuse. Le lendemain, elle devait avoir un contrôle de mathématiques qu'elle n'avait pas révisé... et elle avait été punie pour bavardage. Le professeur lui avait dit qu'elle allait envoyer un mot à sa mère ; or les taliban étaient arrivés et avaient pris le pouvoir.

« Mais pourquoi pleures-tu ? avait-elle demandé à

sa sœur Nooria, qui ne cessait de sangloter. C'est chouette, un peu de vacances ! » Parvana était persuadée que d'ici à quelques jours, les taliban les laisseraient retourner à l'école. Et, entre-temps, son professeur aurait sûrement oublié cette histoire de bavardage et de mot à sa mère. « Espèce d'idiote ! avait hurlé Nooria. Fiche-moi la paix ! »

Un des problèmes délicats lorsque toute une famille vit dans la même pièce, c'est qu'il est en réalité impossible de fiche pour de bon la paix à quelqu'un. Quel que soit l'endroit où allait Nooria, elle y trouvait Parvana. Et quel que soit l'endroit où se rendait Parvana, il y avait Nooria.

Les parents de Parvana appartenaient tous les deux à de vieilles et respectables familles afghanes. Ils avaient fait des études et exerçaient des métiers qui leur rapportaient un revenu confortable. Ils avaient été propriétaires d'une grande maison qui donnait sur une cour, avec deux domestiques, un poste de télévision, un réfrigérateur, une voiture. Nooria avait sa chambre à elle. Parvana partageait la sienne avec Maryam, sa petite sœur. C'était une vraie pipelette, mais elle éprouvait une véritable passion pour sa grande sœur. Évidemment, cela aurait été le rêve si de temps en temps Nooria avait pu disparaître de la circulation.

La maison avait été détruite dans un bombardement. Et, depuis lors, la famille avait déménagé plus souvent qu'à son tour. À chaque fois, l'endroit où ils se retrouvaient était plus petit que le précédent. À chaque bombardement, ils perdaient encore un petit peu plus de leurs affaires. À chaque fois, ils s'appauvrissaient un petit peu plus. Maintenant, ils vivaient à six dans une seule pièce.

Depuis plus de vingt ans, la guerre faisait rage en Afghanistan : deux fois l'âge de Parvana.

D'abord, ce furent les Soviétiques. Leurs énormes chars avaient pénétré sur le territoire et traversé tout le pays. Leurs avions de guerre volaient dans le ciel et lâchaient leurs bombes sur les villages et sur les champs.

Parvana vit le jour un mois avant que les Soviétiques ne commencent à plier bagage[1].

« Tu étais un bébé tellement moche que les Soviétiques ne pouvaient pas envisager un seul instant de rester dans le même pays que toi » : voilà ce que Nooria adorait lui dire. « Ils se sont précipités vers la frontière, ils étaient horrifiés, ils se sont dépêchés de partir le plus vite possible, avec leurs chars. »

Après le départ des Soviétiques, les gens qui leur avaient tiré dessus se dirent que cela ne serait pas si mal s'ils pouvaient continuer à tirer sur quelque chose. Alors ils se mirent à se tirer les uns sur les autres. Kaboul fut dévasté par les bombes. Il y eut des milliers de morts.

---

1. En 1989, après dix ans d'occupation du pays.

Les bombes faisaient partie de la vie quotidienne de Parvana depuis qu'elle était née. Tous les jours, toutes les nuits, on entendait les roquettes tomber du ciel, puis une maison qui explosait.

Sous les bombes, les gens se mettaient à courir. D'abord par ici, puis par là ; ils tâchaient de trouver un endroit où ils auraient la vie sauve. Quand Parvana était petite, ses parents la portaient dans leurs bras. Plus tard, il fallut qu'elle coure, elle aussi, comme les autres.

À présent, la majeure partie du pays se trouvait sous le contrôle des taliban. *Taliban* : le mot voulait dire « étudiant islamique » ; mais le père de Parvana lui avait expliqué que la religion était faite pour apprendre aux hommes à être meilleurs, plus gentils. « Ce ne sont pas les taliban qui vont faire de l'Afghanistan un pays plus agréable à vivre ! » répétait-il.

Les bombes continuaient à déferler sur Kaboul, peut-être un tout petit peu moins qu'avant. La guerre se poursuivait dans le nord du pays ; c'était là qu'il y avait le plus de morts, ces derniers temps.

Il y eut encore un ou deux clients, puis son père proposa à Parvana d'en rester là pour la journée.

Elle voulut se relever d'un bond, mais retomba aussitôt. Elle ne sentait plus ses pieds, ils étaient tout engourdis. Elle les frotta vigoureusement, essaya de nouveau. Cette fois, cela pouvait aller, elle tenait sur ses jambes.

Elle se mit à rassembler toutes les petites affaires qu'ils avaient apportées là pour essayer de les vendre – des plats, des taies d'oreiller, des petits bibelots qui avaient survécu aux bombardements. Comme beaucoup d'Afghans, ils essayaient de vendre tout ce qu'ils pouvaient. Régulièrement, Nooria et sa mère passaient en revue toutes leurs affaires pour voir si elles pouvaient y trouver quelque chose à vendre. Il y avait tellement de gens à Kaboul qui vendaient de tout que Parvana s'étonnait qu'il y en ait encore qui aient besoin d'acheter quoi que ce soit.

Père rangea ses crayons et ses feuilles dans son sac à bandoulière. Puis il prit son bâton, s'appuya dessus, attrapa le bras de Parvana et se releva lentement. Parvana secoua la couverture pleine de poussière, la plia. Ils étaient prêts.

Quand le trajet n'était pas trop long, Père parvenait à marcher en s'appuyant seulement sur son bâton. Pour les distances plus grandes, il avait besoin de l'aide de Parvana.

« Tu es juste à la bonne hauteur, disait-il.

— Et qu'est-ce qui se passera quand je serai plus grande ?

— Eh bien, je grandirai avec toi ! »

Avant, Père avait eu une jambe de bois. Puis il l'avait vendue. Cela n'avait pas été son intention, au début : les prothèses étaient faites sur mesure, et il était rare que la prothèse de quelqu'un aille à quelqu'un d'autre. Mais un jour, un client aperçut la jambe de Père sur la couverture. Rien d'autre de ce qui était à vendre ne l'intéressait : ce qu'il voulait, c'était la jambe de bois. Il en offrait un très bon prix, et Père finit par se laisser convaincre.

Sur le marché, on trouvait maintenant une kyrielle de jambes artificielles à l'étalage. Les taliban avaient décrété que les femmes devaient rester à la maison, et beaucoup de maris avaient pris les fausses jambes de leurs épouses et s'en étaient débarrassés. « Tu ne vas plus nulle part : alors à quoi cette jambe pourrait-elle bien te servir ? » disaient-ils.

Partout, dans Kaboul, on voyait des immeubles bombardés. Les quartiers d'habitations et de commerces ou d'affaires n'étaient plus que briques et poussière.

Kaboul avait été une belle ville, autrefois. Nooria se souvenait des larges trottoirs, des feux de circulation qui changeaient de couleur ; elle se rappelait les promenades dans la ville pour aller au restaurant et au cinéma, et lorsqu'elle flânait dans les jolies boutiques de vêtements et les librairies.

Mais pour Parvana qui n'avait que onze ans, depuis toujours la ville avait été un champ de ruines, et elle avait du mal à l'imaginer autrement. Cela lui faisait de la peine lorsqu'elle entendait les histoires qu'on lui racontait sur le Kaboul d'avant les bombes. Elle refusait de penser à ça, à tout ce que les bombardements avaient détruit, à la santé de son père, à leur belle maison. Cela la mettait en colère, et comme elle ne pouvait rien faire de cette colère, cela la rendait triste.

Ils s'éloignèrent de la foule du marché, et s'engagèrent dans une rue parallèle qui les menait à leur immeuble. Avec beaucoup de précaution, Parvana guidait son père pour lui éviter les trous creusés par les bombes et les endroits défoncés de la rue.

« Comment est-ce qu'elles font, les femmes en *tchadri*[1], pour marcher dans ces rues ? demanda Parvana à son père. Comment est-ce qu'elles font pour voir où elles mettent les pieds ?

— Elles tombent, elles tombent souvent », répondit-il.

C'était vrai. Souvent Parvana les avait vues tomber.

Elle regarda au loin, vers la montagne qu'elle aimait tant. On la voyait au bout de la rue ; elle se dressait là, majestueuse.

« Comment est-ce qu'elle s'appelle, cette montagne ? avait-elle demandé à son père peu de temps après qu'ils eurent emménagé dans ce nouveau quar-

1. *Tchadri* : vêtement fait dans une longue toile à l'allure de tente et que les taliban ont imposé aux femmes qui veulent sortir. Le *tchadri* les recouvre de la tête aux pieds, avec un petit grillage serré au niveau des yeux. Traditionnellement fabriqué en coton, il est maintenant le plus souvent produit en polyester.

tier. – C'est le mont Parvana. – N'importe quoi, avait répliqué Nooria d'un ton méprisant. – Ce n'est pas bien de mentir aux enfants », avait dit Mère.

Toute la famille était sortie se promener – c'était avant les taliban. Mère et Nooria avaient juste noué un foulard léger autour de leur tête. Le soleil caressait leur visage, c'était délicieux.

« Ce sont les êtres humains qui donnent leur nom aux montagnes, dit Père. Je suis un être humain, et cette montagne, je l'appelle “ le mont Parvana ”. »

Mère l'avait laissé dire, elle riait. Père riait aussi, Parvana riait, ainsi que Maryam, qui n'était encore qu'un bébé et qui ne savait même pas pourquoi elle riait. Et même Nooria, Nooria la grincheuse, s'était mise à rire avec eux. Leur rire se déployait jusqu'au sommet du « mont Parvana », et il dévalait les rues.

Parvana et son père, tout doucement, montaient maintenant les marches de leur immeuble. Ils vivaient au troisième étage, dans un appartement qu'une roquette avait en partie détruit. La moitié avait disparu sous les décombres.

L'escalier grimpait à l'extérieur, sur le flanc de l'immeuble, en zigzag jusqu'en haut. Il avait été endommagé dans les bombardements et par endroits il n'en restait plus grand-chose. Ici ou là, un morceau de rampe tenait encore bon.

« Surtout, ne t'appuie jamais sur la rampe », ne cessait de répéter Père à Parvana.

Il lui était plus facile de monter que de descendre, mais il leur fallut tout de même un bon moment pour arriver en haut.

Ils parvinrent enfin à la porte de chez eux et entrèrent dans l'appartement.

2

Comme d'habitude, Nooria et Mère étaient en train de faire le ménage dans la pièce. Père embrassa Ali et Maryam, passa dans la salle d'eau pour se laver de la poussière qui lui recouvrait les pieds, le visage et les mains, puis s'allongea un instant sur le *doshak*[1] pour souffler un peu.

Parvana se débarrassa de tous les paquets qui l'encombraient et entreprit d'enlever son tchador.

« On a besoin d'eau, dit Nooria.

— Est-ce que je peux quand même m'asseoir une minute, d'abord ? demanda Parvana à sa mère.

1. *Doshak* : mince matelas qu'on voit dans beaucoup de maisons afghanes et qui sert de siège ou de lit.

— Tu te reposeras quand le travail sera terminé ; tu verras, tu en profiteras mieux. Vas-y tout de suite. Le réservoir est quasiment vide. »

Parvana soupira. Si le réservoir était quasiment vide, cela voulait dire qu'elle allait devoir faire cinq allers et retours jusqu'au robinet. Six, même, parce que sa mère ne supportait pas l'idée qu'un seau puisse rester vide.

« Si tu y étais allée hier, quand Mère te l'a demandé, tu en aurais moins à tirer aujourd'hui », dit Nooria à sa sœur alors que celle-ci passait devant elle pour prendre le seau.

Nooria lui adressa son sourire supérieur de grande sœur et rejeta ses cheveux en arrière. Parvana lui aurait volontiers balancé un coup de pied dans le tibia.

Les cheveux de Nooria étaient splendides, longs et épais. Ceux de Parvana étaient trop fins, filandreux. Elle aurait adoré avoir les cheveux de sa sœur – ce que Nooria savait parfaitement.

Parvana descendit les marches de l'escalier en rouspétant, et ne cessa de rouspéter jusqu'au robinet qui se trouvait au coin de la rue. Mais le pire, c'était le retour, avec le seau plein, et surtout les trois étages à monter. Elle ne décolérait pas contre sa sœur, et c'est en rouspétant tant et plus qu'elle alla remplir six seaux d'eau.

« Nooria ne va jamais chercher de l'eau, ni Mère.

Maryam non plus, d'ailleurs. On ne lui demande jamais rien, à elle ! »

C'était idiot de grogner comme ça, Parvana le savait bien, mais elle ne pouvait pas s'en empêcher. Maryam n'avait que cinq ans, elle était trop petite pour pouvoir même descendre un seau vide ; quant à en monter un plein au troisième étage, il n'en était évidemment pas question. Mère et Nooria étaient tenues de revêtir un *tchadri* dès qu'elles sortaient, et habillées ainsi il leur était impossible de porter un seau d'eau dans cet escalier plein de trous. Sans compter qu'il était dangereux pour une femme de sortir de chez elle sans être accompagnée par un homme.

Parvana savait qu'elle devait se livrer à cette corvée : elle était la seule dans la famille à pouvoir le faire. Tantôt cela la rendait furieuse. Tantôt elle en concevait une sorte de fierté. En tout cas, elle était sûre d'une chose : on ne lui demandait pas son avis. Qu'elle soit de bonne humeur ou non, il fallait que quelqu'un aille chercher de l'eau, et c'est à elle que cette tâche incombait.

Enfin, le réservoir était rempli, le seau était plein, et Parvana put enlever ses sandales, défaire son tchador et se reposer un peu. Elle s'assit par terre à côté de Maryam qui était en train de dessiner.

« Tu es drôlement douée, Maryam. Un jour tu vendras tes dessins, et tu verras, tu gagneras des tonnes et des tonnes d'argent. On sera super riches, on vivra dans un palais, et tu porteras de magnifiques robes en soie bleue.

— Verte, dit Maryam.

— Verte, si tu veux, rectifia Parvana.

— Au lieu de rester là assise à ne rien faire, viens plutôt nous aider. »

Mère et Nooria étaient encore en train d'astiquer le placard.

« Mais vous l'avez nettoyé il y a trois jours !

— Tu viens nous aider, oui ou non ? »

« Non », pensa Parvana, qui finit tout de même par se lever. Il fallait toujours que Mère et Nooria trouvent quelque chose à astiquer. Elles ne pouvaient plus travailler ni aller à l'école, et du coup elles n'avaient pas grand-chose d'autre à faire. « Les taliban ont décrété qu'on devait rester à l'intérieur, mais ça ne veut pas dire qu'on doive vivre dans la saleté », disait Mère.

Parvana avait tout ce ménage en horreur. Toute l'eau qu'elle était allée tirer y passait. Mais il y avait pire encore : quand Nooria se mettait en tête de se laver les cheveux.

Parvana parcourut d'un coup d'œil leur petite pièce. Tous les meubles dont elle se souvenait, les meubles qu'ils avaient dans leurs autres maisons, avaient été détruits sous les bombardements ou volés par des pillards. Tout ce qu'ils possédaient maintenant était un énorme placard en bois, déjà dans la pièce quand ils avaient pris possession des lieux. Ce placard contenait les quelques affaires qu'ils avaient réussi à sauver. Avec deux *doshaks* alignés le long des murs, voilà tout ce qui composait leur mobilier. Autrefois, ils possédaient de magnifiques tapis afghans. Parvana se rappelait toutes les heures passées, quand elle était petite, à suivre du doigt les formes complexes des dessins. Maintenant, ils n'avaient plus qu'une mince carpette posée à même le sol en ciment.

Parvana avait mesuré qu'elle pouvait parcourir toute la pièce en faisant dix pas dans un sens et douze dans l'autre. En général, c'était elle qui était chargée de balayer la natte avec un pauvre balai fait de morceaux de chiffons. La carpette n'avait plus aucun secret pour elle.

Au bout de la pièce se trouvait la salle d'eau. Un endroit minuscule, avec des toilettes à la turque, pas les toilettes modernes à l'occidentale qu'ils avaient dans leur belle maison ! C'était là aussi qu'on rangeait la petite cuisinière au propane, parce qu'un petit trou d'aération situé tout en haut du mur permettait de ventiler la pièce. C'était là aussi qu'on avait installé le réservoir d'eau, un bidon en métal qui contenait l'équivalent de cinq seaux. À côté se trouvait la cuvette qui servait pour se laver.

Il y avait d'autres habitants dans l'immeuble, du moins dans la partie qui avait été épargnée par les bombes. Parvana les rencontrait parfois, lorsqu'elle allait chercher de l'eau ou qu'elle sortait pour accompagner son père au marché. « Nous devons garder nos distances, lui disait-il. Les taliban encouragent les gens à espionner leurs voisins. Il vaut mieux ne se mêler à personne, c'est plus prudent. »

C'était peut-être plus prudent, se disait souvent Parvana, mais on était drôlement seuls. Il y avait peut-être, juste à côté, une fille de son âge... mais elle ne put jamais le savoir. Père se plongeait dans ses livres, Maryam jouait avec Ali, Nooria restait avec Mère. Et Parvana restait seule.

Mère et Nooria avaient essuyé les étagères du placard. Elles étaient en train de remettre les choses en place.

« Tiens, voici tout un tas de trucs que ton père pourra aller vendre au marché. Mets-les près de la porte », demanda Mère à Parvana.

La robe rouge, une robe splendide, éclatante de couleurs ! Parvana n'arrivait pas à en détacher ses yeux.

« Mon beau *shalwar kamiz*[1] ! Oh non, on ne va pas le vendre, quand même !

---

1. *Shalwar kamiz* : ensemble composé d'une grande chemise et d'un pantalon, que portent aussi bien les hommes que les femmes. Celui des hommes est d'une seule couleur, avec des poches sur le côté et sur la poitrine. Celui des femmes est fait de couleurs différentes, et la forme peut varier d'un modèle à l'autre. Parfois ils sont finement brodés ou garnis de perles.

— C'est moi qui décide ce qu'on vend, un point c'est tout. Tu n'en as plus du tout besoin – à moins que tu n'aies l'intention de te rendre à une fête : en ce cas, tu aurais pu avoir l'obligeance de m'en parler. »

Parvana savait qu'il était inutile de discuter. Depuis qu'elle avait été forcée de cesser de travailler, Mère était devenue de plus en plus acariâtre.

Parvana rangea le vêtement avec les autres affaires, près de la porte. Elle parcourut du doigt les fines broderies qui le rendaient si joli. C'était un cadeau de sa tante de Mazar-e-Charif, une ville du nord du pays. Elle le lui avait offert pour l'Aïd[1]. Elle espérait que sa tante serait furieuse contre sa mère d'apprendre qu'elle l'avait vendu.

« Et pourquoi est-ce qu'on ne vend pas les beaux vêtements de Nooria, après tout ? Elle ne sort jamais.

— Elle en aura besoin quand elle se mariera. »

Regard supérieur de Nooria en direction de sa cadette. Et pour comble d'humiliation, elle secoua la tête pour déployer sa longue chevelure.

« Je le plains, celui qui t'épousera, déclara Parvana. Tout ce qu'il aura gagné comme épouse, c'est une sacrée prétentieuse.

— Ça suffit, maintenant », dit Mère.

Parvana écumait de rage. Mère prenait systémati-

1. Aïd : fête musulmane célébrée à la fin du ramadan, le mois du jeûne.

quement le parti de Nooria. Parvana n'avait que haine pour Nooria, et elle aurait détesté sa mère aussi, si elle n'avait pas été sa mère.

Elle se calma un peu lorsqu'elle la vit s'emparer des affaires de Hosseyn et les ranger à l'abri des regards sur l'étagère du haut du placard. Chaque fois que Mère touchait ces vêtements, elle avait les yeux tout tristes.

Nooria n'avait pas toujours été l'aînée. C'était Hosseyn, l'aîné. Il avait trouvé la mort en sautant sur une mine. Il avait quatorze ans. Mère et Père n'en parlaient jamais. Les souvenirs de leur garçon les faisaient trop souffrir. C'est Nooria qui avait raconté l'histoire à Parvana, à l'un des rares moments où elles discutaient l'une avec l'autre.

Hosseyn était d'humeur joyeuse, il voulait toujours que Nooria vienne jouer avec lui, même si c'était une fille. « Arrête de faire ta princesse, lui disait-il. Un peu de foot, ça te fera du bien ! » De temps en temps, racontait Nooria, elle se laissait tenter. Et Hosseyn s'arrangeait toujours pour lancer le ballon de manière que Nooria puisse l'arrêter et le relancer à son tour.

« Souvent, il te prenait dans ses bras, il te levait en l'air et jouait avec toi, racontait-elle à sa sœur. Et fait, il t'aimait bien, apparemment. Tu te rends compte ! »

Avec tout ce que lui racontait Nooria, Parvana se disait qu'elle aussi, elle l'aurait bien aimé, Hosseyn.

La tristesse sur le visage de sa mère fit s'évanouir

sa colère, et sans dire un mot elle l'aida à préparer le dîner.

La famille mangeait à la manière orientale : tout le monde assis autour d'une nappe en plastique dépliée à même le sol. Le repas leur fit du bien ; après le dîner, ils restèrent un peu autour de la nappe.

Parvana savait comment cela se passait, ensuite : il y avait une sorte de signal secret entre sa mère et Nooria, et tout d'un coup toutes les deux se levaient en même temps et commençaient à desservir. Cela demeurait une véritable énigme. Comment est-ce qu'elles s'y prenaient ? Parvana essayait à chaque fois de repérer le signal que l'une lançait à l'autre, mais elle n'y arrivait pas.

Ali somnolait sur les genoux de Mère, un bout de *nan*[1] dans sa petite main. De temps en temps, il avait l'air de se rendre compte qu'il était en train de s'endormir, et il se redressait, comme s'il avait peur de rater quelque chose. Il essayait de se lever, mais Mère le tenait bien fort et l'en empêchait. Il s'agita un peu, puis renonça et se rendormit.

Père, reposé après sa petite sieste, s'était changé : il avait revêtu son *shalwar kamiz* blanc. Sa longue barbe était peignée avec soin. Parvana le trouvait très beau.

Quand les taliban étaient arrivés au pouvoir et

---

1. *Nan* : pain plat qu'on trouve dans les pays orientaux, qui peut être tantôt de forme allongée, tantôt rond.

avaient intimé l'ordre à tous les hommes de se laisser pousser la barbe, il lui avait fallu du temps pour s'habituer à voir son père avec cette tête. Jusque-là, il n'avait jamais porté la barbe. Lui aussi avait mis du temps pour s'y habituer. La barbe le démangeait, au début.

C'était le moment où Père racontait des histoires, des histoires empruntées à l'histoire de son pays, qu'il enseignait au lycée, avant le bombardement. Des histoires qui avaient bercé l'enfance de Parvana : elle était une excellente élève dans cette matière.

« C'était en 1880. Les Britanniques voulaient s'emparer de notre pays. Et nous, est-ce qu'on avait envie que les Britanniques s'emparent de notre pays ? demanda-t-il à Maryam.

— Non ! répondit celle-ci.

— Bien sûr que non. Tout le monde vient en Afghanistan pour essayer de conquérir le pays, mais nous, les Afghans, on repousse tout le monde. Nous sommes le peuple le plus hospitalier, le plus chaleureux de la Terre. Nous accueillons nos hôtes comme des rois. Les filles, souvenez-vous de ça. Quand un invité vient chez vous, il doit recevoir tout ce qu'il y a de mieux.

— Ou *elle* doit recevoir... », dit Parvana.

Père sourit.

« Ou *elle*, tu as raison. Nous, les Afghans, nous nous donnons tout le mal possible pour bien accueillir nos invités. Mais si quelqu'un vient chez nous, ou dans notre pays, et se comporte avec nous en ennemi, alors là, nous défendons notre maison bec et ongles.

— Père, continue ton histoire », demanda Parvana.

Elle l'avait déjà entendue des centaines de fois, mais elle voulait l'entendre encore.

Père sourit à nouveau.

« Il faudrait que nous apprenions à cette enfant à être plus patiente », dit-il à Mère.

Parvana n'avait pas besoin de se tourner vers sa mère pour savoir ce qu'elle avait en tête : ce n'était pas seulement la patience qu'ils devaient lui apprendre.

« Très bien, dit Père d'une voix pleine de tendresse. Je reprends. C'était en 1880. Non loin de la ville de Kandahar, dans la poussière des faubourgs, les Afghans combattaient contre les Britanniques. Une bataille acharnée. Beaucoup de morts. Les Britanniques étaient sur le point de gagner, et les Afghans étaient prêts à se rendre. Leur moral était au plus bas, ils n'avaient plus la force de se battre. Finalement, ils étaient en train de se dire que s'ils se rendaient et se constituaient prisonniers, c'était ce qui pouvait leur arriver de mieux. Au moins, comme ça, ils ne s'épuiseraient plus et peut-être qu'ils sauveraient leur peau.

« Tout à coup, une jeune fille, une jeune fille plus jeune que Nooria, a surgi d'une des maisons du village. Elle a couru sur le champ de bataille et s'est plantée devant les troupes afghanes. Elle a ôté le voile qui lui couvrait la tête. Et en plein soleil, tête nue, elle s'est adressée aux soldats. " Nous pouvons gagner ! criait-elle. Ne perdez pas espoir ! Debout, reprenez-vous ! Allons-y ! " Et avec son voile dans la main, comme si c'était un drapeau, elle a pris la tête de l'armée afghane pour un dernier combat contre les Britanniques. Les ennemis n'avaient plus aucune chance. Et les Afghans ont remporté la victoire.

« Ce qu'il faut retenir de cette histoire, mes filles, dit Père en les regardant l'une après l'autre, c'est que l'Afghanistan a toujours été le pays des femmes les plus courageuses du monde. Vous êtes toutes des femmes courageuses. Vous avez toutes hérité du courage de Malali.

— Nous pouvons gagner cette bataille ! » criait Maryam en faisant de grands gestes des bras comme si elle agitait un immense drapeau.

Mère déplaça la théière pour éviter toute catastrophe.

« Mais comment est-ce que nous pouvons être courageuses ? demanda Nooria. Nous n'avons même pas le droit de sortir. Comment est-ce qu'on pourrait se mettre à la tête d'une armée de soldats ? J'en ai assez de la guerre, j'en ai assez vu. Je veux que ça cesse.

— Il y a toutes sortes de batailles, dit Père d'une voix douce.

— Et même des batailles qu'on fait avec la vaisselle », ajouta Mère.

Parvana fit une telle grimace que Père se mit à rire. Maryam essayait de l'imiter ; du coup, Mère et Nooria éclatèrent de rire à leur tour. Ali se réveilla, il vit que tout le monde riait, et il y alla lui aussi de son rire.

Toute la famille riait lorsque quatre taliban pénétrèrent dans la pièce.

Ali fut le premier à réagir. Le bruit de la porte qui avait été heurtée avec fracas contre le mur l'avait fait sursauter, et il se mit à hurler.

Mère se leva d'un bond, et en un instant Ali et Maryam se retrouvèrent dans un coin de la pièce en poussant des cris derrière elle.

Nooria se recouvrit des pieds à la tête de son tchador, et se recroquevilla sur elle-même. Parfois les soldats enlevaient les jeunes filles. Ils les emmenaient loin de chez elles et leurs familles ne les revoyaient plus jamais.

Parvana était incapable de faire le moindre mouvement. Elle restait assise au bord de la nappe, comme paralysée. Les soldats étaient des espèces de géants, leurs turbans amassés sur leurs têtes leur donnaient l'air d'être plus immenses encore.

Deux des taliban empoignèrent son père. Les deux autres se mirent à fouiller l'appartement tout en donnant des coups de pied dans les restes du dîner qu'ils éparpillaient partout sur la natte.

« Laissez-le ! criait Mère. Il n'a rien fait de mal !

— Pourquoi est-ce que tu es allé en Angleterre pour tes études ? braillaient les soldats à Père. En Afghanistan, on n'a pas besoin de tes idées : c'est seulement bon pour les étrangers, ça ! »

Et ils le tirèrent violemment vers la porte.

« En Afghanistan, on a certainement besoin d'encore plus de brutes épaisses et incultes comme vous », dit Père.

Un des soldats le frappa au visage. Le sang coulait de son nez sur son *shalwar kamiz* blanc.

Mère se précipita sur les soldats en leur assenant des coups de poing. Elle avait attrapé son époux par le bras et essayait de le dégager.

L'un des soldats sortit son fusil et lui en donna un grand coup sur la tête. Elle tomba évanouie sur le sol. Le soldat la frappa encore, plusieurs fois. À chaque coup porté à leur mère, Maryam et Ali hurlaient à fendre l'âme.

Ce n'est que lorsque Parvana la vit par terre qu'elle réagit enfin. Au moment où les soldats tiraient son père dehors, elle se précipita vers lui et l'entoura de ses bras. Les taliban lui demandèrent de le lâcher. Elle l'entendit qui lui disait :

« Prends soin de la famille, petite Malali. »

Et déjà il n'était plus là.

Parvana était perdue, elle ne savait que faire en voyant les deux soldats tirer son père dans l'escalier, tandis que son beau *shalwar kamiz* traînait, déchiré, sur le sol en ciment. Ils tournèrent au coin de la rue et disparurent de sa vue.

Dans la pièce, les deux autres soldats s'employaient à éventrer les *doshaks* à coups de couteau et jetaient tout le contenu du placard par terre.

Les livres de Père ! Dans le bas du placard, son père avait aménagé un compartiment secret dans lequel il cachait les quelques livres qu'il avait pu sauver des bombardements. Il y avait des ouvrages d'histoire et de littérature : c'étaient des éditions en anglais. Son père les cachait pour éviter qu'ils ne soient brûlés par les taliban qui jetaient au feu les livres qui leur semblaient suspects.

Il ne fallait surtout pas leur laisser trouver ceux de Père ! Pour l'instant, les soldats s'acharnaient sur le haut du placard et ils vidaient les étagères les unes après les autres, de haut en bas. Vêtements, couvertures, vaisselle, ils flanquaient tout par terre.

Petit à petit, ils en arrivaient à l'étagère du bas, là où se trouvait la double cloison. Parvana fut saisie d'horreur lorsqu'elle vit les soldats se pencher pour vider brutalement le contenu du meuble.

« Sortez de chez moi ! » hurla-t-elle.

Elle se jeta sur les soldats avec une telle énergie qu'ils perdirent l'équilibre et s'affalèrent tous les deux sur le sol. Elle s'élança vers eux et les laboura de coups de poing, mais ils la frappèrent à leur tour et se dégagèrent en la repoussant sur le côté. C'est à peine si elle sentit – elle les entendit, plutôt – les coups de cravache qu'ils lui assenèrent sur le dos. Elle garda sa tête enfouie dans ses bras jusqu'à ce qu'ils cessent et qu'ils s'en aillent.

Mère se releva, elle avait pris Ali dans ses bras. Nooria restait prostrée, recroquevillée sur elle-même, terrorisée. Ce fut Maryam qui vint au secours de Parvana.

Quand elle sentit le contact des mains de sa sœur sur elle, Parvana eut d'abord un sursaut : elle croyait que c'étaient les soldats qui revenaient. Maryam lui caressait les cheveux doucement, et au bout de quelque temps Parvana comprit qu'elle n'était plus en danger. Elle se redressa. Elle avait mal partout. Maryam et elle restèrent enlacées un bon moment, toutes tremblantes.

Combien de temps la famille demeura-t-elle ainsi, prostrée, pleine de douleur ? Parvana n'en avait aucune idée. Cela dura longtemps, bien longtemps après qu'Ali avait cessé de crier et fini par s'endormir.

3

Tout doucement, Mère déposa Ali par terre, en un endroit un peu moins dévasté. Il dormait encore. Maryam aussi s'était endormie, et on la porta de l'autre côté de la pièce, près de son frère, pour qu'elle puisse continuer à se reposer tranquillement.

« On va ranger tout ça », dit Mère.

Lentement, elles remirent la pièce en ordre. Parvana avait mal au dos et aux jambes. Mère aussi se déplaçait difficilement, elle n'arrivait pas à se redresser tout à fait.

Mère et Nooria remirent les affaires en place dans le placard. Parvana alla décrocher le balai qui pendait à un clou dans la salle d'eau et entreprit de balayer le riz qui avait été éparpillé partout. Avec un chiffon, elle essuya le thé renversé. Quant aux *doshaks*, ils avaient été déchirés, mais on allait pouvoir les réparer. Simplement, cela attendrait le lendemain.

Quand la pièce eut repris une allure à peu près normale, la famille, sans Père, étala des édredons et des couvertures sur le sol, et tout le monde alla se coucher.

Parvana n'arrivait pas à dormir. Elle entendait sa mère et Nooria qui s'agitaient et se retournaient elles aussi sur leur lit. Au moindre bruit, elle s'imaginait que c'était Père ou les taliban qui revenaient. À chaque fois, cela la rendait en même temps folle d'espoir et de terreur.

Elle avait envie d'entendre les ronflements de son père, cela lui manquait. Il ronflait tout doucement, c'était un bruit qu'elle aimait bien. Du temps des pires bombardements à Kaboul, la famille avait déménagé très souvent pour tâcher de se mettre à couvert dans des endroits plus sûrs. Parvana se réveillait fréquemment en pleine nuit et ne savait plus où elle se trouvait. Dès qu'elle entendait son père ronfler, elle savait qu'elle était en sécurité.

Cette nuit-là, pas de ronflement.

Où était son père ? Est-ce qu'on l'avait installé dans un endroit pas trop pénible pour dormir ? Est-ce qu'il avait froid ? Est-ce qu'il avait faim ? Est-ce qu'il avait peur ?

Parvana n'était jamais entrée dans une prison, mais dans sa famille il y avait des gens qui avaient été emprisonnés. Une de ses tantes, par exemple, avait été arrêtée avec des centaines de collégiennes qui protestaient contre l'invasion du pays par les Soviétiques. Et tous les gouvernements afghans se débarrassaient de leurs ennemis en les jetant en prison.

« Tu n'es pas une vraie Afghane si tu ne connais pas quelqu'un qui a connu le cachot », disait parfois sa mère. Personne ne lui avait jamais raconté à quoi cela pouvait bien ressembler, la prison. « Tu es trop petite pour connaître ce genre de choses », lui disaient souvent les adultes. Il fallait qu'elle déploie des trésors d'imagination.

Ce devait être froid, se dit Parvana ; c'est ainsi qu'elle choisit de se représenter l'endroit. Froid et sombre.

« Mère, allume la lumière ! »

Elle se redressa toute droite sur son lit ; une idée venait de lui traverser l'esprit.

« Parvana, fais moins de bruit ! Tu vas réveiller Ali.

— Allume la lampe, chuchota Parvana. Si Père est libéré, il aura besoin de voir la lumière à travers la fenêtre : comme ça, il pourra retrouver son chemin pour revenir à la maison.

— Mais tu te doutes bien qu'il ne pourra pas marcher. Il n'a pas pris son bâton. Parvana, retourne te coucher. Cela ne nous avance à rien, ce que tu racontes là. »

Parvana s'allongea à nouveau sur son lit, mais elle n'arriva pas à trouver le sommeil.

La seule fenêtre de la pièce était toute petite, et elle était placée tout en haut du mur. Les taliban avaient donné l'ordre de peindre tous les carreaux en noir, pour qu'on ne puisse pas voir les femmes à l'intérieur. « Pas question, avait dit Père. La fenêtre est minuscule, elle est très haut placée, personne ne peut voir à travers. » Et ils l'avaient laissée ainsi, sans la peindre.

Les jours où il faisait beau, le soleil passait par la vitre et laissait entrer quelques rayons. Cela ne durait jamais très longtemps, mais Ali et Maryam s'asseyaient de manière à se placer dans le faisceau de lumière. Mère et Nooria se joignaient à eux, et durant quelques minutes ils se laissaient réchauffer les bras et le visage par le soleil. Puis la terre continuait sa rotation, et c'était déjà fini, les rayons n'entraient plus dans la pièce.

Parvana ne quittait pas des yeux l'endroit où elle imaginait qu'était située la fenêtre. La nuit était très sombre : impossible de distinguer l'ouverture du mur. Toute la nuit elle fixa le mur ainsi, jusqu'à ce que l'aube revienne, chasse l'obscurité et que les rayons du matin se glissent furtivement par l'ouverture.

Dès les premières lueurs, Mère, Nooria et Parvana cessèrent de faire semblant de dormir. Tout doucement, pour ne pas réveiller les petits, elles se levèrent et s'habillèrent.

En guise de petit déjeuner, elles prirent ce qui restait de *nan*. Nooria voulut faire chauffer de l'eau pour le thé sur la petite cuisinière à gaz, mais Mère l'en empêcha.

« Il reste de l'eau qu'on a fait bouillir hier soir. On va boire ça, et ce sera très bien. On n'a pas le temps de préparer du thé. Parvana et moi, nous allons faire sortir votre père de prison. »

Elle avait dit cela exactement du même ton qu'elle aurait dit : « Parvana et moi, on va aller au marché acheter des pêches. »

Parvana laissa tomber son *nan* sur la nappe en plastique. Mais elle ne dit rien, elle ne voulait pas discuter. « Peut-être qu'enfin je saurai à quoi ça ressemble, l'intérieur d'une prison », pensa-t-elle.

L'établissement était loin de la maison. Les femmes n'avaient pas le droit de prendre le bus si elles n'étaient pas accompagnées d'un homme. Il fallait donc qu'elles y aillent à pied. Et si Père n'y était pas ? S'il était enfermé ailleurs ? Et si les taliban les arrêtaient en pleine rue ? Mère n'avait pas le droit de sortir seule, sans homme, ou du moins sans un mot de son mari qui l'autorisât à le faire.

« Nooria, écris un mot pour Mère.

— Pas d'affolement, Nooria. Je ne vais tout de même pas traverser ma propre ville avec un mot épinglé sur mon *tchadri* comme si j'étais une enfant de trois ans. Je suis diplômée de l'Université, non mais !

— Écris quand même, murmura Parvana à sa sœur, tandis que sa mère était dans la salle d'eau. Je le prendrai avec moi, je le glisserai sous ma manche. »

Nooria fit ce qu'elle lui demandait. Elle avait plus une écriture d'adulte que Parvana. Elle se dépêcha de rédiger : *J'autorise ma femme à sortir.* Et elle signa du nom de Père.

« À mon avis, ça ne servira pas à grand-chose, chuchota-t-elle en tendant le papier à Parvana. La plupart des taliban ne savent pas lire. »

Parvana ne répondit rien. À toute vitesse elle plia le petit papier et le glissa dans l'ourlet de sa manche qui était assez large pour qu'elle puisse l'y cacher.

C'est alors que Nooria fit quelque chose de tout à fait inhabituel. Elle prit sa sœur dans ses bras et la serra contre elle.

« Reviens vite », murmura-t-elle.

Parvana n'avait aucune envie d'y aller. Mais elle savait que cela valait mieux ; en fin de compte, ce serait moins dur que de rester assise toute la journée à la maison à guetter le retour de ses parents.

« Dépêche-toi, Parvana, dit sa mère. Ton père nous attend. »

Parvana enfila ses sandales et enroula son tchador

autour de sa tête. Elle suivit sa mère qui était déjà sur le pas de la porte.

Elle devait l'aider à descendre les marches de l'escalier détruit, car le drapé du *tchadri* l'empêchait de voir où elle mettait les pieds. C'était un peu comme lorsqu'elle aidait son père.

En bas, Mère eut un moment d'hésitation. Parvana se dit qu'elle avait peut-être changé d'avis. Mais, quelques secondes plus tard, sa mère se redressa de toute sa hauteur, regarda droit devant elle, et s'enfonça dans les rues de Kaboul.

Parvana dut se précipiter derrière elle. Elle était obligée de courir pour suivre sa mère qui marchait d'un pas long et rapide, et il ne fallait surtout pas qu'elle tombe : il y avait une petite dizaine d'autres femmes dans la rue, toutes revêtues du *tchadri* réglementaire et qui avaient toutes la même allure. Si Parvana la perdait de vue, elle avait peur de ne plus pouvoir la retrouver.

De temps en temps, sa mère s'arrêtait devant un homme ou une femme seule, un petit groupe, ou même un marchand ambulant, et elle leur montrait une photo de Père. Elle restait absolument silencieuse, et se contentait de leur tendre le portrait.

À chaque fois, Parvana retenait son souffle. Les photographies étaient interdites. Ces gens pouvaient fort bien les dénoncer, sa mère et elle, à la milice.

Mais tous les passants à qui elle s'adressait regardaient la photo, puis secouaient la tête. Des centaines de gens avaient été arrêtés. Des centaines de gens avaient disparu. Ils savaient bien ce que Mère leur demandait, elle n'avait pas besoin d'entrer dans les détails.

La prison Pol-e-Charqi était loin de la maison de Parvana. Il leur fallut du temps pour arriver aux abords de l'énorme forteresse ; leurs jambes les faisaient souffrir, elles avaient mal aux pieds, et, surtout, Parvana était transie de peur.

C'était un endroit sombre, affreux, et cette dernière se sentit toute petite.

Malali n'aurait pas eu peur, Parvana le savait. Malali aurait réuni une armée entière à sa suite, et elle en aurait pris la tête pour se lancer à l'assaut de la prison. Malali se serait régalée à l'idée d'un tel combat. Ses genoux n'auraient pas tremblé, comme c'était le cas de Parvana.

Peut-être que sa mère avait peur elle aussi, en tout cas elle n'en montrait rien. Elle s'avança d'un pas martial en direction de la porte d'entrée, et dit au gardien :

« Je viens pour mon mari. »

Le gardien fit celui qui n'avait rien entendu.

« Je suis venue ici pour mon mari ! » répéta Mère.

Elle sortit la photo de Père et la brandit sous le nez du planton.

« Il a été arrêté la nuit dernière. Il est innocent, et je veux qu'on le relâche ! »

D'autres gardiens s'approchaient pour voir ce qui se passait. Parvana tira légèrement sur le *tchadri* de sa mère. Celle-ci n'y prêta pas attention.

« Je viens pour mon mari ! » répétait-elle sans cesse, de plus en plus fort.

Parvana tirait avec encore plus d'insistance sur les plis du *tchadri.*

« Sois forte, petite Malali » : Parvana entendait la voix de son père qui chuchotait à son oreille. Et d'un seul coup, sa peur s'évanouit.

« Je suis ici pour mon père ! » cria-t-elle.

Sa mère la regarda à travers le grillage qui lui barrait le visage. Elle se baissa vers elle et lui prit la main.

« Je suis ici pour mon mari ! » cria-t-elle encore.

Cela dura des heures. Parvana et sa mère, pendant des heures, continuèrent à crier pour plaider leur cause. Les hommes autour d'elles étaient de plus en plus nombreux à les observer.

« Taisez-vous ! ordonna l'un des gardiens. Vous n'avez rien à faire ici ! Allez-vous-en ! Rentrez chez vous ! »

L'un des soldats s'empara de la photo du père de Parvana et la déchira en mille morceaux. Un autre se mit à frapper sa mère avec une cravache.

« Libérez mon mari ! » hurlait toujours celle-ci

Un deuxième soldat se mit à lui assener des coups. Il s'en prit aussi à Parvana.

Il ne tapait pas très fort, mais la fillette s'écroula par terre ; son corps couvrait les morceaux du portrait déchiré. En un clin d'œil, elle glissa les bouts de papier hors de la vue des soldats, sous son tchador.

Sa mère était tombée par terre aussi, et l'homme n'en finissait plus de lui frapper le dos avec sa cravache.

Parvana se releva.

« Arrêtez ! Arrêtez ! Nous allons partir ! Nous allons partir ! »

Elle saisit le bras d'un des soldats qui maltraitait sa mère. Il la secoua comme une mouche dont on veut se débarrasser.

« Non mais, tu te prends pour qui, à vouloir me dire ce que j'ai à faire ? »

Puis il baissa sa cravache.

« Fichez le camp d'ici ! » dit-il à sa mère en éructant.

Parvana se pencha vers le sol, attrapa celle-ci par le bras pour l'aider à se relever. Lentement, son bras sous celui de sa mère pour la soutenir, elles s'éloignèrent de la prison en boitillant.

4

La journée était déjà fort avancée lorsque Parvana et sa mère rentrèrent chez elles. Parvana était si épuisée que Mère devait la soutenir – elle s'appuyait sur son bras exactement comme Père s'appuyait sur elle quand ils revenaient du marché. Elle ne pouvait penser à rien d'autre qu'à la douleur qui envahissait tout son corps, qui la tenaillait depuis le haut du crâne jusqu'à la pointe des pieds.

À chaque pas elle ressentait une brûlure cuisante aux jambes, comme un aiguillon qui lui transperçait la plante des pieds. Elle comprit ce qui se passait quand elle ôta ses sandales. Ses pieds, qui n'étaient pas habitués à parcourir d'aussi longues distances, étaient boursouflés d'ampoules qui avaient éclaté, pour la plupart, laissant ses pieds en sang et la peau à vif.

Nooria et Maryam regardaient leur sœur se déchausser et elles n'en croyaient pas leurs yeux. Ce fut pire lorsqu'elles virent les pieds de leur mère, plus abîmés encore et plus sanglants que ceux de Parvana.

Cette dernière se rendit compte que Mère n'avait pas mis le nez dehors depuis que les taliban avaient pris le pouvoir, un an et demi auparavant. Elle aurait pu sortir, si elle l'avait voulu. Elle avait un *tchadri*, et Père l'aurait accompagnée sans difficulté quand elle en aurait eu envie. Beaucoup d'hommes étaient ravis que leur femme reste à la maison, mais ce n'était pas le cas de Père.

« Fatana, tu es journaliste, tu es écrivain, disait-il souvent. Il faut que tu sortes ; va en ville, va voir ce qui s'y passe. Sinon, comment veux-tu pouvoir écrire sur la vie qu'on mène à Kaboul en ce moment ?

— Mais qui lira mes articles ? Est-ce que j'ai le droit de les publier ? Non. Alors, à quoi bon écrire, à quoi bon aller dans la rue voir ce qui se passe ? Et puis, tout cela ne va pas durer bien longtemps. Les Afghans sont des gens intelligents et courageux. Ils vont bien finir par mettre ces taliban dehors. Quand ce sera le moment, quand nous aurons en Afghanistan un gouvernement digne de ce nom, alors je recommencerai à sortir. Mais pour l'instant, je reste à la maison.

— Cela prendra du temps, tu sais, pour qu'un gouvernement digne de ce nom s'installe au pouvoir, rétorquait Père. Tu es écrivain. Tu dois continuer à travailler.

— Si nous avions quitté le pays quand il en était encore temps, là, je pourrais travailler !

— Nous sommes afghans. C'est ici chez nous. Si tous les gens instruits partent à l'étranger, qui est-ce qui va reconstruire le pays ? »

Cette discussion, les parents de Parvana l'avaient déjà eue à de nombreuses reprises. Quand une famille entière vit dans une seule pièce, il n'y a plus de secret pour personne.

Mère avait tellement mal aux pieds après la longue marche depuis la prison que c'est à peine si elle fut capable d'atteindre l'appartement. Quant à Parvana, elle ne pensait qu'à une chose : qu'elle avait mal aussi et qu'elle était exténuée. Elle ne s'était pas rendu compte une seconde de ce que sa mère endurait.

Nooria voulut l'aider, mais sa mère l'envoya promener d'un geste de la main. Elle se défit de son *tchadri* qu'elle laissa tomber à terre. Son visage ruisselait de larmes et de sueur. Elle s'effondra sur le *doshak*, là où la veille encore Père faisait sa sieste.

Elle pleura longtemps, longtemps, le visage enfoui dans l'oreiller. Quand elle se redressait un peu, Nooria lui épongeait la figure. Elle essuyait la poussière qui meurtrissait plus encore les plaies de ses pieds.

Mère semblait ne s'apercevoir de rien, comme si Nooria n'était pas là. La jeune fille déplia une mince couverture dont elle la recouvrit. Longtemps, bien longtemps après, les sanglots s'apaisèrent, et Mère s'endormit.

Tandis que Nooria prenait soin d'elle. Maryam était au chevet de Parvana. Les traits du visage crispés tant elle faisait d'efforts pour se concentrer, elle apporta une bassine d'eau à sa sœur. Pas une goutte par terre ! Avec un morceau de tissu qu'elle avait à peine la force d'essorer, elle essuya le visage de Parvana. Le chiffon plein d'eau lui dégoulinait dans le cou : cela lui faisait du bien. Elle faisait tremper ses pieds dans la cuvette : cela aussi, c'était bon.

Elle resta assise ainsi un bon moment, les pieds baignant dans l'eau, pendant que Nooria préparait le dîner.

« Ils n'ont rien voulu nous dire à propos de Père, confia Parvana à sa sœur. Qu'est-ce qu'on va faire ? Comment est-ce qu'on va s'y prendre pour le retrouver ? »

Nooria avait commencé à répondre quelque chose, mais Parvana ne comprit pas. Elle sentit tout d'un coup un grand poids sur elle ; ses yeux se fermèrent tout seuls... et quand elle les rouvrit, c'était déjà le matin.

Parvana entendit les bruits du petit déjeuner qu'on préparait. « Il faut que je me lève, je vais aller l'aider », pensa-t-elle, mais elle fut dans l'incapacité d'esquisser un seul mouvement.

Toute la nuit elle avait été assaillie de rêves, des rêves où elle voyait plein de soldats qui lui hurlaient dessus, qui la frappaient. Elle rêvait qu'elle criait elle aussi après eux pour qu'ils relâchent son père, mais aucun son ne sortait de ses lèvres. Elle se souvint qu'elle avait même hurlé : « Je suis Malali ! Je suis Malali ! », mais les soldats faisaient comme si elle n'existait pas.

Il y eut un moment encore plus affreux dans son cauchemar : quand les soldats battaient sa mère. C'était comme si Parvana voyait la scène de loin, très loin, sans pouvoir s'approcher d'elle pour la secourir.

Elle s'assit brusquement, puis réussit à se calmer et à se détendre lorsqu'elle eut vu sa mère allongée sur le *doshak*, de l'autre côté de la pièce. Tout allait bien. Mère était là.

« Je vais t'aider pour ta toilette, proposa Nooria.

— Ça ira, je vais me débrouiller toute seule », dit Parvana.

Mais quand elle essaya de se mettre debout, ses pieds lui faisaient encore atrocement mal. Autant accepter de se faire aider par Nooria. Sa sœur lui offrit son bras et l'accompagna jusqu'à la salle d'eau.

« Tout le monde s'appuie sur tout le monde, dans cette famille, ironisa Parvana.

— Ah bon, tu es sûre ? demanda Nooria. Et moi, je m'appuie sur qui ? »

Le genre de remarque typique de Nooria, que Parvana trouva un peu difficile à entendre. Nooria qui redevenait grincheuse, c'était le signe que la vie allait reprendre son cours normal.

Mais elle se sentit tout de suite mieux dès qu'elle se fut passé de l'eau sur le visage et coiffée soigneusement. Quand elle sortit de la salle d'eau, du riz froid et un bol de thé chaud l'attendaient.

« Mère, est-ce que tu veux quelque chose pour ton petit déjeuner ? » proposa Nooria à sa mère en lui touchant doucement le bras.

Mère grogna quelques mots inintelligibles et lui fit signe de la laisser tranquille.

En dehors d'un ou deux allers-retours à la salle d'eau et quelques tasses de thé chaud que Nooria conservait dans une bouteille Thermos près du *doshak*, Mère passa l'essentiel de la journée au lit. Elle restait le visage tourné vers le mur, et ne prononça pas un seul mot.

Le lendemain, Parvana en eut assez de dormir. Elle ressentait encore un peu de douleur aux pieds, mais elle joua avec Maryam et Ali. Les petits, surtout Ali, avaient du mal à comprendre pourquoi leur mère ne s'occupait pas du tout d'eux.

« Mère dort, ne cessait de leur expliquer Parvana.

— Quand est-ce qu'elle va se réveiller ? » s'inquiétait Maryam.

Parvana ne répondait pas.

À tout instant, Ali trottinait jusqu'à la porte et la désignait du doigt.

« Je crois qu'il demande où est Père, dit Nooria. Viens, Ali, on va chercher ton ballon. »

Parvana se souvint de la photographie déchirée en morceaux, elle la sortit de son vêtement. La figure de son père était en miettes, un vrai puzzle. Elle étala les bouts de papier glacé sur la natte devant elle. Maryam se joignit à elle, et l'aida à reconstituer le portrait.

Il manquait un morceau. Un morceau seulement, une partie du menton.

« Quand on aura du Scotch, on collera ensemble tous les morceaux », dit Parvana.

Maryam hocha la tête en guise d'approbation ; elle rassembla les bouts de papier en pile et les tendit à Parvana qui les rangea soigneusement dans un coin du placard.

Cela faisait déjà trois jours que Père avait été arrêté, et les journées n'en finissaient plus. Parvana se dit qu'elle reprendrait bien un peu ses cahiers de classe, histoire de faire passer le temps, mais elle craignait de faire du bruit et d'incommoder sa mère. À un moment, les enfants s'assirent tous les quatre contre le mur, et regardèrent celle-ci dormir.

« Bon, il faudrait quand même qu'elle se réveille, maintenant, s'impatienta Nooria.

— Elle ne peut pas rester allongée comme ça éternellement. »

Parvana en avait assez d'être assise. Cela faisait un an et demi qu'elle vivait dans cette pièce, mais il y avait toujours du ménage à faire, sans compter les sorties au marché avec Père.

Mère était toujours dans la même position. Les enfants veillaient à ne pas la déranger. Tout de même, Parvana se disait que, si elle devait continuer ainsi un jour ou deux de plus, à devoir parler à voix basse et à faire en sorte que les petits se tiennent tranquilles, elle allait se mettre à hurler.

Si seulement elle avait pu lire ! Mais les seuls livres qu'il y avait à la maison étaient les livres secrets de Père. Elle n'osait pas les déloger de leur cachette. Que se passerait-il si les taliban se jetaient à nouveau dessus comme des enragés ? Ils s'en empareraient, et peut-être même qu'ils châtieraient toute la famille pour le simple fait d'avoir des livres chez soi.

Parvana remarqua que quelque chose avait changé chez Ali.

« Tu n'as pas l'impression qu'il est malade ? demanda-t-elle à Nooria.

— C'est Mère qui lui manque. »

Ali était assis sur les genoux de Nooria. Quand il était par terre, il restait inerte, il n'allait plus ramper dans tous les coins de la pièce. Il passait l'essentiel de son temps recroquevillé sur lui-même, le pouce dans la bouche.

Il ne pleurait même plus, ou presque plus – ce qui n'était pas désagréable, d'ailleurs. Mais Parvana s'inquiétait de le voir ainsi malheureux.

Dans la pièce, cela commençait aussi à sentir mauvais.

« Il faut faire attention à l'eau, il ne faut pas trop en consommer », disait Nooria.

Et du coup on ne faisait plus ni le ménage ni la vaisselle. Les couches sales d'Ali s'entassaient dans la salle d'eau. La fenêtre était petite, et l'ouverture étroite. Elle ne laissait passer qu'un mince filet d'air qui ne parvenait pas à aérer la pièce.

Le quatrième jour, on mangea les derniers restes.

« On n'a plus de provisions, déclara Nooria à Parvana.

— Ce n'est pas à moi qu'il faut dire ça. Dis-le à maman. C'est elle, l'adulte. Il faut qu'elle se débrouille pour nous trouver quelque chose à manger.

— Je ne veux pas la déranger.

— Eh bien, si c'est comme ça, moi je vais lui en parler. »

Parvana s'approcha du *doshak* où reposait Mère, et lui secoua le bras doucement.

« On a mangé tout ce qui restait. »

Pas de réponse.

« Maman, il n'y a plus de provisions. »

Mère eut un mouvement pour se dégager. Parvana la secoua un peu plus fort.

« Laisse-la tranquille ! cria Nooria en tirant sur son vêtement pour l'éloigner du *doshak*. Tu ne vois pas qu'elle est effondrée ?

— Nous sommes tous effondrés, répliqua Parvana. Et nous avons faim, en plus. »

Elle avait envie de crier, mais elle avait peur d'effrayer les petits. Ce qui ne l'empêcha pas de jeter des regards furieux à sa sœur, qui le lui rendit bien. Pendant des heures, elles se regardèrent en chiens de faïence.

Ce jour-là, il n'y eut rien à manger pour personne.

« Il n'y a plus de provisions, répéta Nooria le lendemain à Parvana.

— En tout cas, moi, je ne sors pas.

— Il le faut bien, pourtant. Personne d'autre que toi ne peut sortir.

— J'ai encore mal aux pieds.

— Tes pieds, ils survivront. Mais nous, non, si tu ne vas pas nous chercher de quoi manger. Alors maintenant, tu y vas, allez ! »

Parvana jeta un œil à Mère, qui était toujours allongée sur le *doshak*. Elle regarda Ali ; était épuisé de faim et de chagrin, il voulait ses parents. Elle regarda Maryam, dont les joues commençaient déjà à se creuser et qui n'avait pas vu le soleil depuis tellement longtemps. Enfin, elle regarda sa grande sœur, Nooria.

La terreur se lisait sur le visage de celle-ci. Si Parvana ne lui obéissait pas, c'était elle qui devrait aller chercher à manger.

« Maintenant, je la tiens, se dit Parvana. Si je veux, je peux lui faire autant de misères qu'elle m'en fait. » Mais elle fut surprise de découvrir que cette idée ne lui faisait pas particulièrement plaisir. Peut-être avait-elle trop faim, peut-être était-elle trop fatiguée ? Au lieu de tourner le dos à sa sœur, elle prit l'argent qu'elle lui tendait.

« Qu'est-ce que j'achète ? » demanda-t-elle.

5

Cela faisait tout bizarre de se retrouver au marché sans Père. Parvana s'attendait presque à le rencontrer à sa place habituelle, assis sur sa couverture, à lire et écrire les lettres de ses clients.

Les femmes n'avaient pas le droit de pénétrer dans les magasins : c'était aux hommes de faire les courses ; si les femmes y allaient quand même, elles devaient les attendre à l'extérieur de la boutique et crier à travers la porte ce qu'elles désiraient. Parvana avait vu des marchands se faire tabasser parce qu'ils servaient une femme en la laissant entrer dans leur boutique.

Elle se demandait si on allait la prendre pour une femme ou pour une petite fille. D'un côté, si elle faisait semblant d'être une adulte et réclamait ce dont elle avait besoin en restant dehors, elle risquait d'avoir des ennuis pour ne pas avoir mis son *tchadri.* Mais si elle entrait, on pouvait lui reprocher de ne pas se comporter comme une femme était tenue de le faire...

Elle remit sa décision à plus tard en commençant par s'occuper des *nans.* L'étal du boulanger était ouvert sur la rue.

Parvana arrangea son tchador de manière qu'on ne voie plus que ses yeux. Elle écarta ses dix doigts sous le nez du vendeur, pour dix *nans.* Il y en avait déjà de prêts, mais il lui fallut attendre quelques minutes pour les quatre derniers qu'on allait sortir du four. Le vendeur enveloppa le pain dans une feuille de papier journal et tendit le paquet à Parvana. Elle paya sans lever les yeux.

Le pain était encore chaud. Qu'est-ce qu'il sentait bon ! Cela lui rappela d'un seul coup qu'elle n'avait pas mangé depuis deux jours. Elle se sentait capable d'avaler un *nan* entier d'une seule bouchée.

Le marchand de fruits et légumes se trouvait juste à côté. Elle n'eut pas le temps de choisir qu'elle entendit une voix qui criait derrière elle :

« Qu'est-ce que tu fais là dans la rue, habillée comme ça ? »

Parvana se retourna et vit un taliban qui la regardait fixement, le regard furieux et une cravache à la main.

« Tu n'as pas le droit de te montrer ! Tu dois te couvrir ! Où est ton père ? Ton mari ? Ils seront punis s'ils te laissent sortir dans la rue comme ça ! »

Le soldat leva le bras et abattit sa cravache sur l'épaule de Parvana. C'est à peine si elle sentit le coup. Ils allaient châtier son père, c'est ce qu'il avait dit ?

« Arrêtez de me frapper ! » cria-t-elle.

Le taliban était tellement stupéfait qu'il resta quelques secondes bouche bée. Parvana profita de ce qu'il avait l'air d'hésiter pour s'enfuir en courant à toute vitesse. Au passage, elle renversa un tas de navets posés sur l'étal du marchand de légumes qui allèrent rouler par terre et se disperser dans toute la rue.

Tout en serrant les *nans* encore chauds contre sa poitrine, Parvana courait, courait toujours, ses sandales claquaient sur le sol du marché. Les gens la regardaient d'un air étonné, mais elle s'en fichait éperdument. Tout ce qu'elle voulait, c'était s'enfuir loin du soldat, aussi loin que possible, aussi vite que ses jambes le lui permettaient.

Elle n'avait qu'une idée en tête : rentrer chez elle. Et cette idée l'obsédait tellement que dans sa course elle bouscula une femme qui portait un petit enfant.

« Mais c'est Parvana ? ! »

Parvana voulut s'enfuir, mais la femme l'attrapa fermement par le bras.

« Mais oui, c'est elle ! En voilà une drôle de manière de porter son pain ! »

La voix derrière le *tchadri* n'était pas inconnue, mais Parvana n'arrivait pas à mettre un visage dessus.

« Dis quelque chose, ma fille ! Qu'est-ce que tu as à rester là la bouche ouverte comme un poisson qu'on vient de pêcher ! Parle, allez, parle donc !

— Madame Weera ?

— Ah, j'avais oublié, mon visage est caché, tu ne le vois pas. Je n'y pense jamais. Alors, qu'est-ce que tu fais là à courir ? Et ton pain, pourquoi tu l'écrases comme ça ? »

Parvana se mit à pleurer.

« Les taliban... un soldat... il me courait après.

— Essuie tes larmes. Dans ces cas-là, c'est une excellente idée de courir ; tu as très bien fait. J'ai toujours pensé que tu te comportais en petite fille raisonnable, et tu me montres que je ne m'étais pas trompée. Bravo ! Tu as semé le taliban. Et tu vas où, maintenant, avec tout ce pain ?

— À la maison. Je suis presque arrivée.

— Eh bien, on va y aller ensemble. Ça fait un moment que je me disais que j'allais faire appel à ta mère. Nous devons lancer un magazine, et elle est exactement la personne qu'il nous faut.

— Mère n'écrit plus du tout, et je crois qu'elle n'a pas envie de voir du monde.

— Qu'est-ce que tu racontes ? Allez, viens, on y va. »

Mme Weera avait fait partie avec Mère de l'Union des femmes afghanes. Elle était tellement persuadée que Mère ne serait pas mécontente si quelqu'un débarquait à la maison à l'improviste, que Parvana fut bien obligée de lui montrer le chemin.

« Et arrête d'écraser ce pain comme ça ! Il ne va pas s'envoler ! »

Arrivées au troisième étage, Parvana se tourna vers Mme Weera.

« C'est-à-dire que... c'est au sujet de Mère. Elle ne va pas très bien.

— Alors ça tombe bien que je passe chez vous. Comme ça, je vais m'occuper d'elle. »

Parvana renonça à discuter. Elles atteignirent la porte de l'appartement et entrèrent.

Sur le moment, Nooria ne vit que Parvana. Elle lui prit les *nans* des mains.

« C'est tout ? Et le riz ? Et le thé ? Comment est-ce qu'on va faire, s'il n'y a que ça ?

— Doucement, Nooria, ne sois pas brutale avec ta sœur. Elle a été poursuivie par un taliban au marché, et elle n'a pas pu finir les courses. »

Mme Weera s'avança dans la pièce et enleva son *tchadri*.

« Madame Weera ! » s'exclama Nooria.

Tout d'un coup on sentit qu'elle était très soulagée.

Enfin quelqu'un qui allait prendre les choses en main, qui allait la délivrer de toutes les responsabilités qui pesaient sur ses épaules.

Mme Weera posa l'enfant qu'elle avait dans les bras sur la natte à côté d'Ali. Les deux bambins s'observaient avec curiosité.

Mme Weera était une femme de grande taille. Elle avait les cheveux blancs, mais elle était encore en très bonne forme physique. Elle avait été professeur de gymnastique à l'époque où elle avait encore le droit d'exercer son métier.

« Mon Dieu, mais qu'est-ce qui se passe, ici ? » demanda-t-elle.

En trois enjambées, elle était entrée dans la salle d'eau, cherchant d'où pouvait bien venir cette puanteur.

« Ces couches, là, pourquoi est-ce qu'elles ne sont pas lavées ?

— Nous n'avons plus d'eau, expliqua Nooria. Nous avions peur de sortir.

— Mais toi, tu n'as pas peur, Parvana, hein ? Et sans même attendre la réponse : Va remplir le seau, ma fille. C'est ta contribution à la collectivité. Allez, c'est parti ! »

Mme Weera adoptait toujours ce ton d'entraîneur de hockey qui se met sur le bord du terrain pour presser et encourager ses joueurs.

« Où est Fatana ? » demanda-t-elle, tandis que Parvana partait remplir le seau.

Nooria fit un geste en direction de la forme allongée sur le *doshak*, enfouie sous la couverture. Mère émit un grognement et se pelotonna encore plus.

« Elle dort, dit Nooria.

— Cela fait combien de temps qu'elle est dans cet état ?

— Quatre jours.

— Où est ton père ?

— Arrêté.

— Ah, je comprends. »

Elle aperçut Parvana qui tenait le seau vide à la main.

« Tu attends qu'il pleuve et que ton seau se remplisse tout seul ? Allez, ouste ! »

Parvana sortit.

Elle fit sept allers et retours. Les deux premières fois, Mme Weera alla à sa rencontre sur le palier en haut de l'escalier, elle lui prit le seau plein d'eau, le vida dans le réservoir avant de le lui rendre vide pour qu'elle aille le remplir à nouveau.

« On va aider ta mère à se laver, et elle n'a pas besoin qu'on soit cent à la regarder. »

À la suite de quoi, Parvana remplit le réservoir, comme elle avait coutume de le faire. Mme Weera avait fait se lever Mère et l'avait donc aidée à se laver. Mère ne sembla même pas remarquer Parvana.

Elle continuait à tirer de l'eau. Ses bras la faisaient souffrir, ses ampoules aux pieds recommençaient à saigner, mais elle n'y pensait pas. Elle poursuivait sa tâche parce qu'il le fallait, la famille en avait besoin, et parce que son père aurait pensé qu'il était nor mal qu'elle le fasse. Maintenant que Mme Weera était là et que sa mère était debout, les choses allaient être plus faciles, et elle ferait ce qu'on attendait d'elle.

Sortir, descendre l'escalier, longer la rue jusqu'au robinet, puis remonter, interrompre de temps en temps pour souffler, changer le seau de main.

Au septième voyage, Mme Weera lui dit d'arrêter.

« Grâce à toi, le réservoir est plein, la cuvette aussi, et il y a un seau rempli en plus. C'est bon pour cette fois. »

Parvana était au bord de l'évanouissement : tout cet effort sans manger et sans boire. Il lui fallait de l'eau, tout de suite.

« Mais qu'est-ce que tu fais ? demanda Nooria quand elle vit sa sœur se servir une tasse d'eau au réservoir. Tu sais bien qu'il faut d'abord la faire bouillir ! »

Si elle n'était pas bouillie, on risquait d'être malade, mais Parvana avait tellement soif qu'elle s'en moquait. Tout ce qu'elle voulait, c'était boire, et elle approcha la tasse de ses lèvres.

Nooria la lui arracha des mains.

« Tu es vraiment la fille la plus idiote que je

connaisse ! Comme si on avait besoin en plus de tout que mademoiselle tombe malade ! Mais qu'est-ce que j'ai fait au monde pour avoir une sœur aussi bête !

— Ce n'est pas comme ça qu'on va maintenir l'esprit d'équipe, dit Mme Weera. Nooria, va donc laver les petits avant qu'on mange. Tu n'as qu'à prendre de l'eau froide. L'eau bouillie qui reste nous servira si on a soif. »

Parvana sortit de la salle d'eau et alla s'installer dans la pièce principale. Mère était assise. Elle s'était changée et coiffée, elle avait noué ses cheveux en une belle natte. De nouveau c'était Mère, Mère qu'on connaissait, même si elle avait encore l'air épuisé.

Parvana eut l'impression que cent ans s'étaient écoulés lorsque Mme Weera lui apporta enfin une tasse d'eau bouillie.

« Fais attention. C'est brûlant. »

Parvana attendit quelques secondes, puis but d'un trait la tasse entière, puis une autre encore.

Mme Weera et sa petite-fille restèrent là toute la nuit. Au moment où Parvana se laissait enfin aller au sommeil, elle les entendit, Nooria, Mère et elle, qui discutaient à voix basse. Mme Weera leur racontait l'incident avec le taliban.

« À mon avis, il va falloir qu'on ait une autre idée... », disait-elle : ce furent les derniers mots que Parvana perçut et elle s'endormit.

6

Leur idée, c'était de faire passer Parvana pour un garçon.

« Comme ça, tu pourras aller et venir dans les rues, au marché, tu pourras faire les courses pour la famille, et personne ne t'embêtera, dit Mère.

— C'est la solution idéale, approuva Mme Weera.

— On prétendra que tu es notre cousin de Jalalabad, dit Nooria, qui est venu passer quelques jours chez nous pendant que notre père n'était pas là. »

Parvana les regarda toutes les trois sans rien dire. Elles auraient aussi bien pu lui parler en chinois : elle ne comprenait pas un traître mot de ce qu'elles lui racontaient.

« Si quelqu'un nous pose des questions à ton sujet, nous expliquerons que tu vis avec une tante à Kunduz.

— Mais personne ne nous demandera rien. »

À ces mots, Parvana tourna brusquement la tête vers sa sœur et la regarda droit dans les yeux. C'était le moment idéal pour lui dire d'un ton sec quelque chose de bien senti dont elle se souviendrait longtemps. Mais rien ne lui venait à l'esprit. Après tout, Nooria avait raison. Aucun de ses amis ne l'avait plus jamais vue depuis que les taliban avaient fermé les écoles. Tous ceux qu'elle connaissait s'étaient dispersés un peu partout dans le pays, ou même à l'étranger. Nul n'aurait l'idée de l'interroger à son sujet.

« Tu mettras les vêtements de Hosseyn. »

La voix de Mère se brisa ; un instant Parvana crut qu'elle allait pleurer, mais elle se ressaisit.

« Ils seront peut-être trop grands pour toi, mais on les reprendra un peu, s'il le faut. »

Elle se tourna vers Mme Weera.

« Ces vêtements n'ont pas été portés depuis longtemps ; il est grand temps qu'ils servent à quelque chose. »

Parvana devina que Mme Weera et sa mère avaient passé de longues et pénibles heures à discuter de tout ce plan pendant qu'elle dormait. Cette idée la réconfortait. Sa mère avait l'air d'aller déjà beaucoup mieux. Mais ce n'était pas pour autant qu'elle devait se laisser faire de cette façon.

« C'est impossible, dit-elle, je ne pourrai jamais ressembler à un garçon, avec mes cheveux longs. »

Nooria alla ouvrir la porte du placard, s'empara du nécessaire à couture, et souleva lentement le couvercle de la boîte. Parvana eut l'exacte impression que sa sœur était transportée de joie à l'idée de sortir la paire de ciseaux et de les faire claquer ainsi sous son nez une bonne dizaine de fois.

« Je t'interdis de me couper les cheveux ! hurla-t-elle en se protégeant la tête de ses mains.

— Mais sinon, comment veux-tu avoir l'air d'un garçon ? demanda Mère.

— Tu n'as qu'à couper ceux de Nooria ! C'est elle l'aînée ! C'est elle qui doit prendre soin de moi, et pas le contraire !

— Personne ne voudra croire que je suis un garçon », dit Nooria d'une voix suave, en coulant un regard satisfait sur sa silhouette.

Le ton de sa sœur eut pour effet d'exaspérer Parvana encore plus.

« Mais moi aussi, je serai comme toi, bientôt, dit-elle.

— C'est ce que tu crois.

— Nous en reparlerons le moment venu, intervint Mère d'un ton sec pour couper court à la dispute qui n'allait pas manquer d'éclater – elle connaissait ses filles. Pour l'instant, nous n'avons pas le choix. Il faut que l'une d'entre nous puisse sortir, et tu es celle qui peut le plus facilement se faire passer pour un garçon. »

Parvana réfléchit. D'une main, elle vérifia la longueur de ses cheveux.

« C'est toi qui décides, dit Mme Weera. On peut t'obliger à te couper les cheveux, mais c'est toi qui devras sortir habillée en garçon. Ce n'est pas rien, ce que nous te demandons, nous le savons. Mais je crois que tu es capable de le faire, non ? »

Mme Weera avait raison. Elles pouvaient lui tenir la tête de force et lui couper les cheveux, mais ce dont elles avaient surtout besoin, c'est qu'elle les aide. Au bout du compte, le sort de la famille dépendait d'elle.

Cela lui facilitait les choses, d'une certaine manière.

« D'accord, dit-elle, je veux bien.

— Bravo ! s'exclama Mme Weera. À la bonne heure ! »

Nooria fit à nouveau claquer les ciseaux.

« Bon. Allons-y, ordonna-t-elle.

— Non, c'est moi qui vais le faire, dit Mère en lui prenant la paire de ciseaux des mains. On va même le faire tout de suite, Parvana. Ça ne sert à rien d'y penser des heures, ça ne rend pas les choses plus faciles. »

Toutes deux s'installèrent dans la salle d'eau : le sol

en ciment se prêtait mieux à une séance de coiffure ; il serait plus aisé ensuite de le nettoyer de tous les cheveux qui traîneraient. Mère emporta avec elle les vêtements de Hosseyn.

« Tiens, tu veux voir ? » demanda-t-elle, en faisant pivoter le miroir pour que Parvana puisse apprécier la coupe.

Parvana refusa. Puis finalement elle changea d'avis. Si c'était là la dernière fois qu'elle pouvait admirer ses cheveux longs, alors autant en profiter.

Sa mère n'en eut pas pour longtemps. Elle commença par lui ôter un gros paquet de mèches dans le cou, tout droit, puis elle lui montra les cheveux coupés.

« J'ai un très joli ruban dans le placard, dit-elle. On les attachera avec, et tu pourras les garder, si tu veux. »

Parvana regarda la grosse mèche que sa mère tenait dans la main. Avant, quand elle les avait sur la tête, elle avait l'impression qu'ils formaient une belle masse. Mais là, plus tellement.

« Non, merci, dit-elle. Tu peux les jeter. »

Sa mère fit la grimace.

« J'espère que tu ne vas pas bouder, si on les jette », et elle laissa tomber la mèche par terre.

Au fur et à mesure que sa mère lui coupait les cheveux. Parvana se sentait devenir quelqu'un d'autre. C'était tout son visage qui était métamorphosé. Ce qui lui restait de cheveux consistait en une sorte de tapis-brosse dressé droit sur le crâne, de deux centimètres de long. Autour de ses oreilles, cela formait de petites boucles. Plus rien qui lui venait dans les yeux, plus rien qui risquait de faire des tas de nœuds les jours de grand vent, ou de se transformer en serpentins les jours de pluie.

Cela lui faisait un plus grand front. De plus grands yeux, aussi, peut-être parce qu'elle les écarquillait pour ne rien perdre de ce qui se passait. Quant à ses oreilles, elles avaient l'air maintenant d'être complètement décollées.

Un peu bizarre, pensa Parvana, mais plutôt rigolo.

« J'aime bien mon visage », se dit-elle enfin.

Mère se frotta vigoureusement les mains au-dessus de la tête de sa fille pour se débarrasser des petits cheveux coupés.

« Change-toi », dit-elle.

Puis elle quitta la pièce.

Une fois seule, Parvana se passa la main sur le haut du crâne. Tout doucement d'abord, avec précaution, puis progressivement de toute la largeur de sa paume, elle testait sa nouvelle coiffure. C'était à la fois tout raide et tout doux. Cela lui chatouillait l'intérieur des mains.

« C'est pas mal », se dit-elle en souriant.

Elle ôta ses vêtements et enfila ceux de son frère. Le *shalwar kamiz* de Hosseyn était vert pâle, la large tunique et le pantalon d'une seule et même couleur. La tunique lui descendait très bas, le pantalon était trop long, mais il suffirait qu'elle le roule à la taille, et cela irait très bien.

Une petite poche était cousue à l'intérieur de la tunique, à gauche, à hauteur de la poitrine. Juste assez grande pour mettre un peu d'argent et même deux ou trois bonbons – qui sait, peut-être qu'un jour elle aurait à nouveau des bonbons ? Et une autre poche devant. C'était bien, ces poches. Il n'y en avait pas sur les vêtements des filles.

« Parvana, ça y est ? »

Parvana mit fin à l'inspection devant le miroir et rejoignit sa famille dans la pièce principale.

Son regard croisa d'abord celui de Maryam. L'expression de sa petite sœur indiquait clairement qu'elle n'arrivait pas à identifier la personne qui venait de pénétrer dans la pièce.

« C'est moi, Maryam, dit Parvana.

— Parvana ! »

Et Maryam éclata de rire en reconnaissant sa sœur.

« Hosseyn, murmura sa mère.

— Si tu veux mon avis, tu es nettement moins moche quand tu es habillée en garçon », commenta Nooria d'un ton précipité.

Si Mère commençait à se rappeler son fils disparu, c'était fichu : elle allait se remettre à pleurer.

« Tu es très bien comme ça, dit Mme Weera.

— Enfile ça. »

Mère tendit un bonnet à Parvana qui se le mit sur la tête. C'était un ravissant bonnet blanc, entièrement brodé. Peut-être qu'elle ne porterait plus jamais son splendide *shalwar kamiz* rouge, celui des grandes occasions, mais à la place elle avait droit à un bonnet tout neuf.

« Tiens, voici un peu d'argent, dit sa mère. Va acheter ce que tu n'as pas pu prendre hier. » Elle lui enroula délicatement les épaules d'un *patou*[1]. C'était celui de son père.

« Reviens vite. »

Parvana fourra l'argent dans sa nouvelle poche. Elle enfila d'un geste ses sandales, puis voulut saisir son tchador.

« Mais tu ne vas pas en avoir besoin », dit Nooria.

Ça oui, évidemment. Parvana n'y pensait plus. Et, soudain, elle fut prise de terreur. Mais alors tout le monde allait voir son visage ! Ils se rendraient tout de suite compte qu'elle n'était pas un garçon !

Elle se tourna vers sa mère, d'un air suppliant.

« Tu ne peux pas me faire ça !

— Ah, tu vois ? lança Nooria de son ton le plus méchant. Je t'avais bien dit qu'elle aurait trop peur pour accepter.

— C'est facile de reprocher à quelqu'un d'avoir

1. *Patou* : long châle en laine de couleur grise ou marron porté par les hommes et les garçons afghans.

peur quand on reste bien au chaud à la maison toute la journée ! » répliqua Parvana d'un ton cinglant.

Elle fit demi-tour sur elle-même et sortit en claquant la porte.

Une fois dans la rue, elle attendit un petit moment : est-ce que les gens allaient la montrer du doigt et la dénoncer ? Non. Personne ne lui prêta la moindre attention. Et moins on la regardait, moins elle avait peur.

Quand elle allait au marché avec son père, elle ne prononçait pas un mot et se recouvrait la figure du mieux qu'elle pouvait. Si possible être invisible. Et là, avec son visage à découvert, en plein soleil, elle était invisible aussi, mais d'une autre manière. Un garçon de plus dans la rue, voilà tout. Pas de quoi faire s'arrêter les gens sur son passage.

Elle arriva devant la boutique du marchand de thé, qui vendait aussi du riz et des épices : elle hésita un court instant, puis, d'un pas plein d'énergie, elle poussa la porte d'entrée. « Je suis un garçon, je suis un garçon », se répétait-elle sans cesse. Cela lui donna du courage.

« Qu'est-ce que tu veux ? lui demanda l'épicier.

— Euh... du thé, dit Parvana en balbutiant un peu.

— Combien tu en veux ? Lequel tu veux ? »

L'épicier n'avait franchement rien d'aimable, mais

c'était sa manière d'être habituelle, ce n'était pas parce qu'une fille était entrée dans sa boutique.

Parvana lui montra la marque de thé qu'ils prenaient d'habitude.

« C'est le moins cher ?

— Non, c'est celui-là, le moins cher, dit-il en lui désignant une autre boîte.

— Je vais prendre le moins cher, alors. Et puis il me faut aussi cinq livres de riz.

— Le moins cher également, j'imagine ? Ça va, j'ai compris. C'est le jour des grandes folies, c'est ça ? »

Parvana sortit de la boutique avec son thé et son riz, très fière d'elle.

« Ça marche ! » fit-elle à voix basse.

Les oignons du marchand de fruits et légumes étaient bon marché. Elle en acheta une livre.

« Regardez, regardez ce que j'ai acheté ! s'exclama-t-elle en franchissant, pleine d'enthousiasme, la porte de l'appartement. J'y suis arrivée ! J'ai fait les courses, et personne ne m'a rien dit !

— Parvana ! » s'écria Maryam en se précipitant vers sa sœur et la serrant contre elle.

Parvana l'étreignit à son tour, malgré toutes les provisions qu'elle n'avait pas pris le temps de poser.

Mère s'était de nouveau allongée sur le *doshak*, la tête vers le mur, tournant le dos à tout le monde. Ali était assis à côté d'elle, il lui tapotait doucement l'épaule et lui disait « Ma-ma-ma » en essayant d'attirer son attention.

Nooria prit les courses et tendit à Parvana le seau vide.

« Tant que tu y es, puisque tu as encore tes sandales aux pieds..., dit-elle.

— Qu'est-ce qui se passe, qu'est-ce qu'elle a, Mère ?

— Chuuut ! Pas si fort ! Tu veux donc qu'elle t'entende ? Elle a été bouleversée, de te voir avec les vêtements de Hosseyn. Tu ne vas quand même pas lui en vouloir ! Et puis, Mme Weera est rentrée chez elle, et ça la rend triste. Alors maintenant tu y vas, s'il te plaît, et tu me remplis ce seau d'eau.

— Mais j'y suis déjà allée hier !

— Il y avait plein de ménage à faire. Ali n'avait presque plus de couches propres. Tu préfères laver les couches ou aller tirer de l'eau ? »

Parvana alla tirer de l'eau.

« Reste habillée comme ça, lui conseilla Nooria quand elle revint avec le seau plein. Je me suis dit que, si tu devais être en garçon pour sortir, dedans c'est pareil. Tu imagines un peu si quelqu'un faisait irruption dans la pièce sans prévenir ? »

Parvana reconnut qu'elle avait raison.

« Oui, mais Mère ? Ça va être dur, pour elle, de me voir avec les vêtements de Hosseyn toute la journée. »

— Il faudra bien qu'elle s'y habitue. »

Pour la première fois, Parvana remarqua les traits fatigués de sa sœur. Elle faisait bien plus que ses dix-sept ans.

« Je vais t'aider pour le dîner, proposa-t-elle.

— Toi ? M'aider ? Tout ce que tu réussiras à faire, c'est te mettre dans mes pattes. »

Parvana était furieuse. Comment pouvait-on être gentil avec Nooria, quand elle se comportait ainsi ?

Mère se leva pour dîner, et fit un effort pour paraître de bonne humeur. Elle fit plein de compliments à Parvana qui s'était fort bien acquittée de sa mission, mais apparemment il lui fallut un bon moment avant de pouvoir la regarder en face.

Cette nuit-là, alors que toute la famille était couchée, Ali s'agita un peu et se retourna sur son lit.

Parvana entendit sa mère parler dans son sommeil.

« Va dormir, va dormir, disait Mère. Va dormir, mon fils, va dormir. »

7

Le lendemain, après le petit déjeuner, Parvana sortit à nouveau.

« Prends les affaires de ton père : ses crayons, ses feuilles de papier et sa couverture, et va au marché », lui avait dit sa mère. « Tu pourrais peut-être essayer de gagner un peu d'argent : tu as bien vu comment il s'y prenait quand il travaillait, tu n'auras qu'à l'imiter. »

L'idée plaisait bien à Parvana. La veille, pour les courses, tout s'était bien passé. Si elle pouvait gagner un peu d'argent, en effet, peut-être qu'à la maison on la laisserait tranquille. Cela avait bien réussi une fois, d'être déguisée en garçon. Pourquoi pas une deuxième ?

Dans la rue, sur le chemin du marché, elle se sentait toute légère, sans tchador. Le soleil lui caressait le visage, et une brise légère venue de la montagne flottait dans les airs, apportant avec elle une agréable fraîcheur.

Le sac de son père, dont elle avait enroulé la bandoulière autour de sa poitrine, ballottait sur ses jambes. Elle l'avait rempli des crayons et de tout le matériel d'écriture, et elle y avait mis aussi quelques objets qu'elle voulait essayer de vendre. Parmi eux, son joli *shalwar kamiz*. Et, sous son bras, elle avait glissé la couverture sur laquelle elle s'assoirait.

Elle choisit le même endroit que celui où ils s'installaient, son père et elle. Non loin de là se trouvait un mur, avec une maison bâtie juste de l'autre côté. On n'en voyait pas grand-chose : le mur en cachait la plus grande partie. Il y avait bien une fenêtre, tout en haut, mais le carreau avait été peint en noir, conformément aux ordres des taliban.

« Si nous nous mettons chaque jour à la même place, les gens le sauront, et ils s'en souviendront quand ils auront une lettre à lire ou à écrire », affirmait son père. Parvana aimait bien quand il disait « nous » : elle avait l'impression de participer à ses activités. Et puis, l'endroit était situé pas trop loin de chez elle. Sur le marché, il y avait bien des emplacements plus passants, mais le trajet pour s'y rendre n'en finissait plus, et Parvana n'était pas très sûre de connaître le chemin.

« Si jamais on te demande qui tu es, tu diras que tu es Kaseem, le neveu de Père », lui avait expliqué Mère.

Sa sœur et elle lui avaient répété vingt fois le scénario, jusqu'à ce qu'elle le connaisse dans les moindres détails.

« Tu diras que Père est malade, et que tu habites chez nous jusqu'à ce qu'il soit remis. »

Il était plus prudent de raconter cela plutôt que d'avouer qu'il avait été arrêté. Personne n'avait envie de passer pour un opposant au gouvernement.

« Mais tu crois que des gens vont vouloir me payer pour leur lire des lettres ? Je n'ai que onze ans, quand même.

— Peut-être, mais tu es bien plus instruite que la plupart des habitants de ce pays, avait répondu Mère. Et puis, si ça ne marche pas, on trouvera une autre idée. »

Parvana étendit la couverture sur le sol de terre battue, elle disposa les objets à vendre sur le côté, comme Père le faisait, et installa ses feuilles et ses crayons devant elle. Puis elle s'assit et attendit les clients.

Une heure s'écoula. Les hommes passaient devant son stand, jetaient un regard vers elle, puis continuaient leur chemin. Si seulement elle avait eu son tchador caché dans son sac ! Elle était persuadée qu'à tout instant quelqu'un allait s'arrêter, la montrerait du doigt et hurlerait : « C'est une FILLE ! » Le mot retentirait dans tout le marché comme une malédiction, et tout le monde lèverait le nez et la regarderait bizarrement. Cette première heure à attendre fut terrible, l'un des pires moments de sa vie.

Elle regardait ailleurs quand, tout d'un coup, quelqu'un s'arrêta devant la couverture. D'abord, elle ne sentit que l'ombre qui l'avait frôlée. L'homme s'approcha d'elle, mais elle le distinguait mal, il était à contre-jour. Elle tourna la tête et vit le turban sombre, l'uniforme des taliban. Il portait une carabine accrochée à la taille par une courroie, avec autant de naturel qu'elle-même, une heure avant, portait le sac en bandoulière de son père.

Parvana se mit à trembler.

« Tu es écrivain public ? Tu lis les lettres ? » lui demanda-t-il en pachtou.

Elle voulut répondre quelque chose, mais aucun son ne sortit de sa bouche. Elle se contenta de hocher la tête.

« Mais parle, mon garçon ! Si tu sais lire le courrier et que tu ne dis rien, ça ne va pas du tout. »

Parvana prit une profonde respiration. « Je sais lire ; je peux lire une lettre, si vous voulez, dit-elle enfin en pachtou d'une voix qu'elle espérait ferme et audible. Je lis et j'écris en dari et en pachtou. »

Si c'était un client, il fallait absolument qu'elle s'exprime en pachtou correctement.

Le taliban ne la quittait pas des yeux. Puis sa main plongea à l'intérieur de sa veste, et, sans cesser de la regarder, il retira quelque chose de sa poche.

Parvana était sur le point de fermer les yeux, elle attendait purement et simplement que le taliban lui tire dessus, lorsqu'elle vit qu'il lui tendait une lettre.

Il s'assit à côté d'elle sur la couverture.

« Lis ça », dit-il.

Parvana prit l'enveloppe. Elle venait d'Allemagne. Elle lut l'adresse du destinataire.

« C'est adressé à Fatima Azima.

— C'était ma femme », dit le taliban.

La lettre datait de plusieurs mois. Parvana la sortit de l'enveloppe et la déplia avec difficulté, les plis étaient très marqués.

« Ma chère nièce, lut Parvana. *Je suis désolée de ne pouvoir me joindre à vous pour ton mariage ; j'espère seulement que cette lettre te parviendra à temps. Il fait bon être en Allemagne, loin de la guerre. Mais dans ma tête, tu sais, je suis toujours en Afghanistan. Je ne cesse de penser à notre pays, à la famille et à nos amis que je ne reverrai probablement jamais.*

« En ce jour de noces, je te fais part de tous mes meilleurs vœux pour ta vie future. Ton père, mon frère,

est un homme bien, et je suis sûre qu'il t'aura choisi un bon époux. Peut-être qu'au début tu trouveras cela dur, d'être éloignée de ta famille, mais tu verras, tu auras autour de toi comme une nouvelle famille. Et bientôt tu commenceras à te sentir chez toi avec eux. J'espère que tu seras heureuse, que Dieu te donnera de nombreux enfants, et que tu vivras assez longtemps pour connaître les fils de ton fils.

« Une fois que tu auras quitté le Pakistan pour rentrer en Afghanistan avec ton nouvel époux, je crains d'avoir du mal à rester en contact avec toi. S'il te plaît, garde cette lettre, et ne m'oublie pas. Moi, je ne t'oublierai jamais.

« Ta tante chérie, Sohila. »

Parvana resta silencieuse. Le taliban ne disait rien non plus, il restait là assis à côté d'elle.

« Est-ce que vous aimeriez que je vous la lise une seconde fois ? » proposa-t-elle.

Il secoua la tête et tendit la main pour reprendre la lettre. Parvana la replia et la lui rendit. Les mains de l'homme tremblaient quand il la rangea dans l'enveloppe. Elle vit une larme couler sur sa joue et glisser sur sa barbe.

« Ma femme est morte, dit-il. J'ai trouvé ça dans ses affaires. Je voulais savoir ce qu'il y avait dedans. »

Il resta assis, muet durant quelques minutes, la lettre à la main.

« Est-ce que vous voulez que j'écrive une

réponse ? » demanda Parvana, qui se souvenait de la façon dont son père procédait.

Le taliban soupira, puis secoua une nouvelle fois la tête en signe de refus.

« Combien est-ce que je te dois ?

— Vous donnez ce que vous voulez », dit Parvana. C'était aussi comme cela que faisait son père.

Le client sortit quelques pièces de sa poche et les lui tendit. Sans prononcer un mot, il se leva et s'éloigna.

Parvana mit du temps à reprendre son souffle et à se détendre. Jusqu'à présent, pour elle, les taliban étaient des hommes qui battaient les femmes et arrêtaient les autres hommes : c'est tout ce qu'elle les avait vus faire... Ainsi, ils pouvaient avoir des sentiments, du chagrin, comme n'importe quel être humain ?

Parvana était très troublée. Bientôt, un autre client se présenta, mais ce n'était pas pour lire un document. Il voulait lui acheter quelque chose. Mais, toute la journée, elle ne cessa de repenser au taliban qui ne se remettait pas de la mort de sa femme.

Elle eut encore un dernier client avant le déjeuner. L'homme était plusieurs fois passé devant sa couverture, pour finir par venir parler avec elle.

« Combien tu le vendrais ? » demanda-t-il en désignant le beau *shalwar kamiz.*

Mère n'avait fixé aucun prix particulier pour le

vêtement. Parvana essaya de se souvenir comment elle s'y prenait pour marchander avec les vendeurs du marché, du temps où elle pouvait encore sortir faire les courses. Elle s'arrangeait toujours pour discuter le prix, quel que soit celui du commerçant. « De toute façon, ils s'attendent à ce que tu marchandes, expliquait-elle à ses filles. Alors ils commencent par proposer un prix exorbitant, qu'il faudrait être fou pour accepter. »

Parvana réfléchit à toute vitesse : elle se représenta sa tante à Mazar qui avait passé des heures et des heures à broder la tunique et les revers du pantalon ; elle se rappela comme elle se sentait jolie, quand elle portait sa tunique... comme cela lui serrait le cœur de s'en débarrasser...

Elle proposa un prix. Le client secoua la tête, fit une autre offre, beaucoup plus basse. Parvana lui fit remarquer les minutieux dessins patiemment brodés à la main, puis annonça un tarif légèrement inférieur à celui qu'elle avait d'abord proposé. L'homme hésita un peu, mais apparemment il était toujours intéressé. Il y eut encore deux ou trois échanges, et ils finirent par se mettre d'accord.

Quel plaisir de vendre quelque chose ! La petite poche de la tunique enfin pleine ! Elle était tellement contente que c'est à peine si elle eut un pincement au cœur lorsqu'elle vit s'éloigner le client dans le dédale du marché avec à son bras, flottant au vent, la belle tunique rouge qu'elle ne reverrait plus.

Deux heures passèrent encore, durant lesquelles Parvana resta assise sur la couverture. Puis elle eut envie d'aller aux toilettes. Mais où aller ? Au marché, c'était impossible. Elle rangea ses affaires et reprit le chemin de la maison. Elle retrouvait tout naturellement les gestes qu'elle avait l'habitude de faire lorsqu'elle accompagnait son père : mettre les crayons et le papier dans le sac à dos, secouer la couverture. Son père lui manqua terriblement.

« Père, reviens », murmura-t-elle tout doucement en levant les yeux vers le ciel. Il faisait beau, le soleil brillait haut. Comment pouvait-il faire aussi beau alors que son père était enfermé dans une prison sinistre ?

Son regard fut attiré par quelque chose, comme un léger mouvement. « Cela doit venir de la fenêtre condamnée, pensa-t-elle ; mais non, ce n'est pas possible. » Elle avait dû rêver, voilà tout. Elle plia la couverture et la prit sous son bras. Elle sentait contre sa poitrine, bien rangé au fond de sa poche, l'argent qu'elle avait gagné.

Elle se sentait fière de ce qu'elle avait fait, et d'un pas alerte elle reprit le chemin du retour.

8

Mme Weera était revenue.

« À partir de cet après-midi, je m'installe chez vous, dit-elle à Parvana. Tu m'aideras, d'accord ? »

Parvana aurait bien voulu retourner au marché sur son petit stand d'écrivain public, mais après tout, aider Mme Weera à déménager, cela faisait une petite distraction de plus qui tranchait avec la routine, et elle accepta de bon cœur. Sans compter que, lorsqu'elle était là, Mère avait l'air à nouveau normal.

« Mme Weera et moi, on va travailler ensemble, on a un projet, annonça-t-elle. Nous allons lancer un magazine.

— Et comme ça, chacun son travail ! Nooria

s'occupera des petits, ta mère et moi de notre projet, et toi tu sortiras pour gagner le pain de tout le monde, déclara Mme Weera qui faisait plus que jamais penser à un entraîneur de hockey qui place ses joueurs sur le terrain. Allez, on va tous reprendre nos esprits ! »

Parvana lui montra la recette de la journée.

« Magnifique ! dit Mère. Je savais que tu te débrouillerais très bien.

— Père aurait sûrement gagné bien plus », ironisa Nooria, qui se mordit aussitôt les lèvres comme si elle avait voulu avaler ce qu'elle venait de dire.

Mais Parvana était d'excellente humeur, et elle ne broncha pas.

Après le déjeuner – du thé et des *nans* –, opération « Déménagement des affaires de Mme Weera ». Celle-ci portait le *tchadri*, forcément, mais elle avait une manière de marcher si particulière que Parvana était certaine de pouvoir la reconnaître parmi des dizaines d'autres femmes vêtues de la même façon. À la voir, on aurait dit qu'elle menait à la baguette un groupe d'enfants qui traînassaient après l'école. Son pas était rapide, elle se tenait la tête bien droite et les épaules en arrière. Tout de même, au cas où, Parvana s'arrangea pour rester non loin d'elle.

« En principe, les femmes qui sortent dans la rue sans homme avec un petit enfant, les taliban les laissent tranquilles, disait Mme Weera. Mais enfin, on ne sait jamais. En tout cas, j'ai de la chance, je crois que je peux semer n'importe lequel de ces soldats à la course. Et je peux même me battre avec eux, et gagner, si jamais ils m'embêtent ! Quand j'étais professeur, j'en ai maté plus d'un, de ces jeunes garçons. Je leur donnais une bonne leçon de morale, et je t'assure qu'ils finissaient tous par pleurer !

— Ce matin, j'ai vu un taliban qui pleurait », dit Parvana, mais ses paroles s'évanouirent dans la foule tandis qu'elles parcouraient à grands pas les rues bondées.

Mme Weera vivait avec sa petite-fille dans une pièce encore plus exiguë que celle où habitait la famille de Parvana, au rez-de-chaussée d'un immeuble en ruine.

« Nous sommes les derniers survivants de la famille Weera, dit-elle. Les uns sont morts sous les bombardements, les autres à la guerre, et ceux qui restaient ont été emportés par la pneumonie. »

Parvana ne sut pas trop quoi répondre. Mme Weera n'avait pas l'air de chercher à se faire réconforter.

« On nous prête un *karachi*[1] pour l'après-midi, reprit-elle. Le propriétaire doit le récupérer ce soir, il en a besoin pour son travail. Mais on va faire tout ça en un voyage, comme des chefs, hein ? »

1. *Karachi* : petite caisse montée sur roues, qu'on pousse à la main et dont on se sert pour aller vendre des affaires au marché.

Mme Weera avait également perdu une grande partie de ses affaires dans les bombardements.

« Et ce que les bombes n'ont pas détruit, les pillards l'ont emporté. Finalement, c'est plus simple, quand il faut déménager, tu ne trouves pas ? »

Parvana installa quelques couvertures et un peu de vaisselle sur le *karachi*. Mme Weera avait déjà tout emballé et tout était prêt.

« Tiens, voilà une chose qu'ils n'auront pas. »

Elle sortit d'une boîte une médaille accrochée à un beau ruban lustré.

« Je l'ai gagnée à une compétition d'athlétisme. La médaille de la coureuse la plus rapide de tout l'Afghanistan ! »

Le soleil faisait étinceler le métal doré.

« J'en ai d'autres, dit-elle. Certaines sont perdues, mais il y en a que j'ai toujours. »

Elle eut un petit soupir, puis se reprit.

« Allez, la récréation est terminée ! Au travail ! »

À la fin de l'après-midi, le déménagement était fait, et Mme Weera avait rendu le *karachi* à son propriétaire. Parvana était si excitée par tout ce qui s'était passé ce jour-là qu'elle ne tenait plus en place.

« Je vais chercher de l'eau, annonça-t-elle.

— Ça alors, toi, tu proposes de rendre service ? demanda Nooria. Mais tu es sûre que tu te sens bien ? »

Parvana l'ignora superbement.

« Mère, est-ce que je peux emmener Maryam avec moi ?

— Oh oui, oui, oui ! cria Maryam en sautant de joie dans tous les sens. Je veux aller avec Parvana ! »

Mère eut un moment d'hésitation.

« Allez, laisse-la donc accompagner sa sœur, suggéra Mme Weera. Maintenant que Parvana se fait passer pour un garçon, Maryam ne risque rien. »

Mère se laissa fléchir. Et s'adressant à Maryam :

« Comment est-ce qu'elle s'appelle, Parvana, quand elle est dehors ?

— Kaseem.

— Bon. Et qui c'est, Kaseem ?

— C'est mon cousin.

— Très bien. Tu n'oublies surtout pas ça, et tu fais ce que te dit Parvana. Tu ne t'éloignes pas d'elle, tu me le promets ? »

Maryam hocha la tête et courut vers ses sandales.

« Elles sont trop petites ! cria-t-elle, et les larmes jaillirent de ses yeux.

— Cela fait plus d'un an qu'elle n'est pas sortie expliqua Mère à Mme Weera. Évidemment, elle a grandi, et ses pieds aussi...

— Montre-moi ça et arrête de pleurer », ordonna Mme Weera.

Les sandales étaient en plastique, moulées d'une seule pièce.

« Bientôt, elles iront tout à fait bien à Ali ; je préfère ne pas les couper. Pour aujourd'hui, on va t'envelopper les pieds dans des chiffons. Et demain, Parvana t'achètera de nouvelles sandales, à ta taille. Ce ne serait pas mal si elle prenait un peu l'air tous les jours, dit-elle en se tournant vers Mère. Mais ne t'inquiète pas. Maintenant que je suis ici, on va remettre toute la famille sur pied en moins de temps qu'il ne faut pour le dire ! »

Et elle enroula les pieds de l'enfant dans quelques bandelettes de chiffon.

« Elle doit avoir la peau sensible, si elle n'est pas sortie depuis longtemps, fit-elle remarquer à Parvana. Fais attention, ne marche pas trop vite.

— Écoute, finalement je me demande si... », commença Mère, mais Parvana et sa sœur se précipitèrent dehors avant même qu'elle ait pu les en empêcher.

Il leur fallut un temps infini pour aller chercher de l'eau. Depuis presque un an et demi, Maryam n'avait eu pour tout paysage que les quatre murs de leur pièce. Tout était nouveau pour elle. Son corps n'avait plus l'habitude du moindre exercice, même le plus élémentaire. Il fallait que Parvana l'aide à monter et descendre les marches de l'escalier avec autant de précaution que lorsqu'elle aidait son père.

« Tiens, c'est là », dit-elle à sa sœur.

Elle avait marché un peu en avant d'elle, pour lui déblayer le chemin qui était encombré par les pierres. Elle fit jaillir l'eau du robinet et Maryam éclata de rire. La petite fille mit la main sous le jet, pour la retirer aussitôt : une goutte d'eau fraîche l'avait éclaboussée. Elle se tourna vers Parvana, les yeux écarquillés. Puis elle recommença, avec l'aide de sa grande sœur, et, cette fois, laissa couler l'eau fraîche sur ses bras.

« Surtout, fais bien attention à ne pas en avaler », conseilla Parvana.

Puis elle lui montra comment on pouvait s'amuser à s'éclabousser la figure. Maryam l'imitait : l'eau mouillait nettement plus ses vêtements que son visage, mais elle était heureuse comme tout.

Heureuse, mais épuisée par cette première sortie. Le lendemain, Parvana emporta les sandales de sa sœur au marché, pour en acheter une paire plus grande. Elle en trouva une d'occasion, qu'un vieil homme vendait dans la rue. Les jours suivants, chaque fois que Parvana allait chercher de l'eau, Maryam l'accompagna, et, petit à petit, elle retrouva des forces.

Au bout de quelque temps, la famille prit le rythme de cette nouvelle organisation : Parvana partait tous les matins tôt au marché, elle rentrait à la maison pour le déjeuner, puis y retournait l'après-midi.

« Je pourrais rester là-bas toute la journée, s'il y avait des toilettes, dit-elle.

— Je tiens à ce que tu rentres pour le déjeuner de

toute façon, répondit Mère. Je veux être sûre que tout se passe bien pour toi. »

Une semaine s'était écoulée, lorsqu'un jour, Parvana eut une idée.

« Mère, quand on me voit, on me prend pour un garçon, tu es d'accord ?

— J'espère bien que oui, dit Mère.

— Alors je pourrais te servir d'escorte, si tu voulais sortir, dit Parvana. Et Nooria aussi, je pourrais l'accompagner ; comme ça, toutes les deux vous sortiriez de temps en temps. »

Parvana était ravie de son idée. Si Nooria faisait un peu d'exercice, peut-être qu'elle serait un tout petit peu plus aimable. Évidemment, sous son *tchadri* ce serait difficile de prendre de grands bols d'air frais, mais au moins, cela la changerait un peu d'atmosphère.

« En voilà une bonne idée, acquiesça Mme Weera.

— Il n'est pas question que tu me serves d'escorte », dit Nooria.

Elle allait continuer mais Mère lui fit signe de se taire.

« Nooria, c'est Ali qui aurait besoin de prendre l'air. Parvana se débrouille très bien avec Maryam, mais Ali, il gigote comme un beau diable. Il faudra que tu sois là pour le tenir.

— Tu sais, toi aussi, tu devrais sortir un peu, Fatana », dit Mme Weera en se tournant vers Mère.

Mais celle-ci ne répondit rien.

Pour Ali, Nooria voulut bien accepter la proposition de sa sœur. Tous les jours, après le déjeuner, Parvana, Nooria, Ali et Maryam sortaient faire un petit tour d'une heure. Lorsque les taliban avaient pris le pouvoir, Ali n'avait que quelques mois. Tout son univers se restreignait à la petite pièce où ils étaient cloîtrés toute la journée depuis un an et demi. Nooria non plus n'avait pas mis le nez dehors tout ce temps-là.

Ils marchaient dans les rues du quartier jusqu'à ce que leurs pieds ne puissent plus les porter, puis ils s'asseyaient au soleil. S'il n'y avait personne alentour, Parvana restait à faire le guet, et Nooria relevait son *tchadri* et laissait les rayons du soleil lui caresser le visage.

« Mmm... c'est délicieux... ça faisait tellement longtemps, j'avais oublié... », disait-elle.

S'il n'y avait personne à faire la queue au robinet commun, Nooria en profitait pour y laver les enfants – ce qui épargnait à Parvana une partie de la corvée d'eau. Parfois, Mme Weera venait les rejoindre avec sa petite-fille, et on lavait les trois enfants ensemble.

Question affaires, il y avait les bons et les mauvais jours. Il arrivait à Parvana de devoir rester assise des heures entières sans voir le moindre client. Dans l'ensemble, elle gagnait moins d'argent que son père. Mais la famille mangeait à peu près à sa faim, même si la plupart du temps il n'y avait au menu que des *nans* et du thé. Les enfants étaient en bien meilleure forme. Un peu de soleil chaque jour et l'air frais sur leur visage leur faisaient un bien fou – même si Nooria se plaignait de ce qu'ils étaient plus difficiles à tenir quand ils rentraient à la maison. Ils étaient pleins d'énergie, et n'avaient qu'une envie : sortir se promener – ce qui n'était possible que lorsque Parvana n'était pas sur le marché à travailler.

Chaque soir en rentrant, Parvana tendait à sa mère la recette du jour. Parfois, Mère lui demandait d'acheter des *nans* ou de faire d'autres courses sur le chemin du retour. Parfois, et c'était les moments que Parvana préférait, Mère l'accompagnait au marché – les arguments de Mme Weera avaient fini par l'emporter. Parvana aimait ces moments où elle avait sa mère pour elle toute seule, même si elles discutaient de pas grand-chose sur le chemin : de combien d'huile elles avaient besoin pour la cuisine, ou si elles allaient pouvoir s'offrir du savon cette semaine.

Parvana adorait le marché. Elle adorait surtout regarder les gens aller et venir dans les rues, surprendre des bribes de conversations, elle adorait aussi lire les lettres que les particuliers lui apportaient.

Son père lui manquait encore cruellement. Mais, au fil des semaines, elle s'habitua un peu mieux à son absence. Heureusement qu'elle avait tant de choses à faire, cela l'aidait. Personne ne parlait de lui à la maison, mais parfois, elle entendait Mère ou Nooria qui pleuraient. Une nuit, Maryam fit un cauchemar, elle se réveilla en appelant son père en hurlant. Il fallut de longs moments à sa mère pour l'apaiser jusqu'à ce qu'elle se rendorme.

Et un après-midi, Parvana aperçut son père au marché ! Il marchait loin devant elle, mais elle en était sûre, c'était bien lui.

« Père ! cria-t-elle de toutes ses forces, s'élançant de sa couverture et courant après lui. Père, je suis là, je suis là ! »

Elle fendit la foule à toute vitesse, jouant des coudes, poussant les gens sur son chemin, jusqu'à le rattraper et l'enlacer.

« Père, tu es vivant ! Ils t'ont laissé sortir !

— Qui es-tu, mon garçon ? »

Parvana leva les yeux et vit un visage inconnu. Elle recula.

« J'ai cru que vous étiez mon père », dit-elle, et des larmes coulaient sur son visage.

L'homme posa la main sur son épaule.

« Tu m'as l'air d'être un bon garçon. Je suis désolé, mais non, je ne suis pas ton père. »

Il se tut quelques secondes, puis reprit d'une voix basse :

« Ton père est en prison ? »

Parvana hocha la tête.

« Mais tu sais, il arrive qu'on relâche les prisonniers, parfois. Ne perds pas espoir. »

L'homme poursuivit son chemin et s'enfonça dans les ruelles du marché. Parvana retourna à sa couverture.

Un après-midi, alors qu'elle était sur le point de ranger ses affaires pour rentrer chez elle, elle remarqua sur la couverture grise une petite tache de couleur : elle se pencha pour voir ce dont il s'agissait.

C'était un petit morceau de vêtement brodé, long de deux centimètres, et à peine plus large. Parvana ne l'avait jamais vu, avant. Elle se demandait d'où cela pouvait bien provenir, et son regard se posa sur la fenêtre bouchée derrière laquelle, des semaines plus tôt, elle avait cru apercevoir un léger mouvement. Mais là, rien.

Ce devait être le vent qui avait laissé tomber ce bout de broderie sur sa couverture – et pourtant, il n'y avait pas eu beaucoup de vent, ce jour-là.

Ce ne fut certainement pas le vent qui déposa quelques jours plus tard, à la fin de l'après-midi, un bracelet de perles sur sa couverture. Elle leva les yeux vers la fenêtre.

Elle était ouverte et battait sur la façade de la maison.

Parvana s'approcha. Dans l'entrebâillement, elle

vit le visage d'une femme. Celle-ci lui adressa un rapide sourire, puis referma la fenêtre.

Plusieurs jours après, Parvana était assise au marché et regardait les serveurs de thé aller et venir entre les clients et la boutique de thé. L'un d'eux, sans faire attention, entra en collision avec un âne. Parvana éclata de rire. Puis elle tourna la tête et regarda ailleurs, lorsque l'un des serveurs de thé trébucha sur quelque chose non loin d'elle, et renversa tout son plateau de tasses vides sur sa couverture.

Le garçon alla piquer du nez au sol devant Parvana. Elle l'aida à ramasser les tasses qui avaient roulé un peu partout. Elle lui tendit le plateau, et c'est à ce moment-là qu'elle vit pour la première fois son visage. Elle poussa un cri de stupeur qu'elle réprima bien vite en plaquant sa main sur sa bouche.

Le serveur était une fille de sa classe.

9

« Shauzia ? murmura Parvana.

— Shafiq, appelle-moi Shafiq. Et toi, comment est-ce que tu te fais appeler ?

— Kaseem. Mais qu'est-ce que tu fais ici ?

— La même chose que toi, idiote. Écoute, il faut que je retourne à la boutique. Tu restes un peu ici ?

— Oui.

— Bon. Je reviens ; à tout à l'heure. »

Shauzia reprit ses tasses et courut au stand de thé. Parvana s'assit, stupéfaite, et passa un bon moment à suivre des yeux son ancienne camarade de classe qui rejoignait les autres serveurs. En les observant très attentivement, elle parvenait à repérer son amie dans le groupe. Puis elle se rendit compte que ce n'était pas forcément une bonne idée de les fixer ainsi du regard : et si jamais quelqu'un trouvait son comportement bizarre et lui posait des questions ? Elle détourna la tête. Shauzia disparut dans la foule du marché.

Shauzia et Parvana n'étaient pas très proches. Chacune avait sa bande d'amis. Dans l'esprit de Parvana, Shauzia était meilleure qu'elle en orthographe – c'est du moins le souvenir qu'elle en avait, mais elle n'en était plus très sûre.

Il y avait donc d'autres filles comme elle à Kaboul ! Elle essaya de se rappeler la famille de Shauzia, mais elle se dit qu'en fait elle ne l'avait sans doute jamais rencontrée. Elle eut à s'occuper de deux clients, cet après-midi-là, mais son esprit était ailleurs, et elle fut ravie de voir revenir Shauzia.

« Où est-ce que tu habites ? » demanda-t-elle.

Parvana lui indiqua le quartier d'un geste de la main.

« Viens, remballe tes affaires ; je t'accompagne et on pourra discuter un peu. Tiens, je t'ai apporté quelque chose. »

Elle tendit à Parvana un morceau de papier plié en quatre qui contenait des abricots séchés. Parvana n'en avait pas mangé depuis des lustres. Elle les compta : un pour chaque membre de la famille, plus un pour elle. Elle le mordit à pleines dents : quel délice, ce fruit sucré dans la bouche !

« Merci ! »

Elle mit les autres abricots dans sa poche, avec la recette de la journée, et entreprit de ranger ses affaires. Pas de petit cadeau sur la couverture, ce jour-là. Tant pis. Il y avait Shauzia, et ça n'était pas mal comme cadeau !

« Ça fait longtemps que tu fais ça ? s'enquit celle-ci alors qu'elles sortaient du marché.

— Pas tout à fait un mois. Et toi ?

— Six mois. Mon frère est parti pour l'Iran, il voulait y travailler. Ça fait un an, et depuis nous n'avons plus jamais entendu parler de lui. Mon père est mort d'un accident cardiaque. Alors j'ai dû me mettre à travailler.

— Le mien a été arrêté.

— Et vous avez eu des nouvelles ?

— Non. Nous sommes allées à la prison, mais ils n'ont rien voulu nous dire. Nous n'avons jamais eu aucune nouvelle.

— Vous n'en aurez sans doute jamais. La plupart des gens qui sont arrêtés disparaissent de la circulation et on n'en entend plus jamais parler. J'ai un oncle, comme ça, qui a disparu. »

Parvana prit Shauzia par le bras et l'obligea à s'interrompre.

« Mon père va revenir ! dit-elle. Je te dis qu'il va revenir ! »

Shauzia haussa les épaules.

« D'accord, d'accord. Pour ton père, c'est différent. Et les affaires, ça marche ? »

Parvana lâcha le bras de Shauzia et reprit sa marche. Elle préférait parler de son travail que de son père : c'était moins difficile.

« Ça dépend des jours. Et toi, tu gagnes bien ta vie, en servant le thé ?

— Pas trop. Nous sommes nombreux ; du coup ils nous paient mal. Hé ! mais j'y pense : si nous travaillions ensemble, on pourrait peut-être trouver un moyen de gagner plus d'argent ? »

Parvana songea aux petits cadeaux anonymes qui atterrissaient régulièrement sur sa couverture.

« J'aimerais bien continuer à lire les lettres, au moins la moitié de la journée. Mais pour le reste, c'est vrai, on pourrait trouver une idée.

— Ce qui me plairait, c'est d'être marchand ambulant. Comme ça, je pourrais me promener en même temps que les gens au marché. Mais il faut d'abord que j'économise pour acheter le chariot et les marchandises ; et à la maison, une fois qu'on a dépensé l'argent que je gagne, il ne nous reste jamais rien.

— Nous non plus. Tu crois qu'on pourrait vraiment gagner beaucoup plus, comme ça ? »

Souvent, à la maison, ils n'avaient même pas de quoi s'acheter du pétrole pour les lampes et, dès que le soir tombait, ils n'avaient plus de lumière. Les nuits étaient interminables.

« D'après ce que les autres serveurs m'ont dit, je gagnerais plus que maintenant. Mais bon ! à quoi ça sert d'en parler ? Dis-moi, ça te manque, l'école ? »

Elles évoquèrent leurs anciennes camarades de classe, et continuèrent à discuter jusqu'à la rue de Parvana, celle d'où l'on voyait « le mont Parvana ». Cela faisait penser à l'époque où elles allaient encore à l'école, quand Parvana et ses amies flânaient un peu dans la rue avant de rentrer chez elles, en râlant sur les professeurs et les devoirs qu'il leur restait à faire.

« J'habite là-haut, dit Parvana en désignant la volée d'escalier qui courait le long de l'immeuble. Viens, tu diras bonjour à tout le monde ! »

Shauzia jeta un coup d'œil vers le ciel, pour voir si elle avait un peu de temps avant de rentrer chez elle.

« D'accord, je dis bonjour, mais après il faut que je file. Si ta mère essaie de me retenir pour m'offrir une tasse de thé, tu lui expliques que ce n'est pas possible, que je dois y aller. »

Parvana promit, et elles montèrent à l'appartement.

Ce fut la surprise générale de voir Parvana revenir avec Shauzia. Tout le monde l'embrassa comme si elle était une grande amie de la famille, alors que Parvana était sûre qu'ils ne l'avaient jamais rencontrée...

« Je vais te laisser partir sans t'avoir offert un petit quelque chose à manger, dit Mère ; mais maintenant que tu sais où nous habitons, il faut que tu viennes avec ta famille : je vous invite tous à déjeuner.

— Il n'y a plus que ma mère, mes deux petites sœurs et moi, dit Shauzia. Maman ne sort pas. Elle est tout le temps malade. Nous vivons avec les parents de mon père et l'une de ses sœurs. C'est toujours la bagarre. Ça me fait du bien de pouvoir m'éclipser de temps en temps en allant travailler.

— Bon, eh bien, tu sais que tu es la bienvenue ici quand tu veux, dit Mère.

— Et tes études ? Tu continues ? demanda Mme Weera.

— Les parents de mon père ne trouvent pas que ce soit très important, l'instruction des filles. Et comme je vis avec eux, dans leur maison, d'après ma mère, ce sont eux qui décident.

— Et ça ne leur fait rien, que tu sois habillée en garçon et que tu doives travailler ? »

Shauzia haussa les épaules.

« Ils mangent ce que je leur achète. Pourquoi ça leur ferait quelque chose ?

— Je me disais que ce serait bien si j'organisais une petite école, ici, dit Mme Weera à la grande surprise de Parvana. Une école clandestine, pour un petit groupe de filles, quelques heures par semaine. Il faut que tu viennes assister aux cours. Je t'informerai par Parvana quand nous commencerons.

— Mais... et les taliban ?

— Les taliban ne seront pas conviés. »

Mme Weera sourit à sa petite blague.

« Qu'est-ce que vous donnerez comme cours ?

— Des cours de hockey sur gazon, répondit Parvana. Mme Weera était professeur d'éducation physique. »

L'idée d'organiser une école clandestine de hockey sur gazon dans l'appartement était si cocasse que tout le monde éclata de rire. Shauzia en riait encore quelques minutes plus tard, alors qu'elle avait pris congé.

Ce soir-là, après le dîner, la conversation allait bon train.

« Il faut que nous rendions visite à sa mère, dit Mère. J'aimerais qu'elle me raconte son histoire, j'en ferais un article pour notre magazine.

— Mais comment est-ce que vous allez le publier ? » demanda Parvana.

Ce fut Mme Weera qui répondit :

« Nous acheminerons les articles clandestinement au Pakistan, et ils seront imprimés là-bas. Puis nous les ferons revenir par le même moyen, un par un.

— Qui est-ce qui les fera passer ? » demanda

encore Parvana, un peu affolée qu'on puisse la charger de la course.

Après tout, si elles avaient eu l'idée de la faire passer pour un garçon, elles pouvaient en avoir quantité d'autres...

« D'autres femmes que nous ; elles font partie de notre organisation, répondit Mère. Nous avons eu de la visite, quand tu étais au marché. Certaines d'entre nous ont des maris qui nous soutiennent et qui nous aideront. »

Nooria avait quelques idées à propos de l'école que Mme Weera voulait monter. À l'époque où elle était au lycée, elle avait l'intention d'entrer à l'école de formation des professeurs, mais les taliban en avaient décidé autrement. Père leur avait donné quelques cours, à elle et Parvana, au début, quand l'école avait été fermée, mais sa santé était fragile, et cela n'avait pas duré.

« Je pourrais donner des cours de calcul et d'histoire, dit Nooria, Mme Weera des cours d'hygiène et de sciences naturelles, et Mère enseignera la lecture et l'écriture. »

Que Nooria lui dispense son enseignement ne faisait pas énormément plaisir à Parvana. Déjà que comme grande sœur elle était très autoritaire : qu'est-ce que cela serait si elle était professeur ! Mais aussi loin qu'elle remontait dans ses souvenirs, elle ne se rappelait pas avoir vu Nooria aussi emballée par quelque chose. Alors elle ne protesta pas.

Parvana et Shauzia se voyaient presque tous les jours au marché. Parvana attendait que son amie vienne la rejoindre : elle se sentait encore trop timide pour s'avancer parmi les garçons de la boutique de thé et demander après Shafiq alias Shauzia. Dans leurs conversations, elles évoquaient le jour où elles auraient assez d'argent pour s'offrir des chariots et se faire marchands ambulants ; mais pour l'instant, ni l'une ni l'autre n'imaginaient comment elles pouvaient y parvenir.

Un après-midi, alors qu'elle était en train de s'occuper d'un client, Parvana sentit quelque chose qui lui tombait sur la tête. D'un geste rapide, elle s'empara de l'objet. Quand elle fut sûre de n'être vue par personne, elle jeta un regard furtif vers le cadeau de la Dame de la Fenêtre. C'était un ravissant mouchoir blanc, avec des broderies rouges tout autour.

Elle fut sur le point de lever la tête pour lui adresser un sourire en guise de remerciement – peut-être que la Dame était là, qu'elle l'observait – quand Shauzia accourut vers elle.

« Qu'est-ce que c'est ? »

Parvana sauta sur ses pieds en fourrant le mouchoir au fond de sa poche.

« Rien, rien. Alors, comment s'est passée ta journée ?

— Comme d'habitude, mais j'ai du nouveau. Deux garçons m'ont parlé d'un travail ; on peut gagner plein d'argent. Plein.

— Comment ?

— Ça ne va pas te plaire. En fait, moi non plus, ça ne m'enchante pas, mais ça nous rapportera bien plus que tout ce qu'on a gagné jusqu'ici.

— Mais qu'est-ce que c'est ? »

Quand Shauzia lui eut dit de quoi il s'agissait, Parvana n'en revint pas.

Shauzia avait raison. Ça ne lui plaisait pas du tout...

10

Des os. Elles allaient creuser la terre des tombes pour en déterrer les os.

« Je ne suis pas sûre que ça soit une très bonne idée », dit Parvana à Shauzia le lendemain matin.

Elle avait sur elle son matériel d'écrivain public : couverture, feuilles et crayons ; elle ne s'était pas sentie capable d'annoncer à sa mère qu'elle changeait d'activité et qu'elle allait se mettre à déterrer des os, et du coup elle n'avait eu aucune raison de laisser à la maison les affaires qu'elle prenait avec elle chaque matin.

« Tu as pris ta couverture ? Super. Elle nous servira à transporter les os. »

Shauzia ne voulut rien entendre des réticences de Parvana.

« Allez, viens ! Il faut qu'on se dépêche, sinon ils vont partir sans nous. »

Cela n'aurait pas tellement gêné Parvana. Mais finalement elle adressa un rapide regard en direction de la fenêtre noircie et de sa mystérieuse amie, et obéit à Shauzia : elles coururent pour rattraper le groupe.

Le ciel était couvert de nuages, il faisait très sombre. Elles marchèrent durant presque une heure, dans des rues inconnues de Parvana, et arrivèrent dans l'un des quartiers de Kaboul qui avait le plus souffert des bombardements. Pas un seul immeuble n'avait été épargné de tout le voisinage, ce n'étaient que monceaux de briques, poussière et décombres.

Les bombes étaient même tombées sur le cimetière. Les explosions avaient dévasté les tombes. Ici ou là, des os de squelettes blanchis ressortaient de la terre couleur de rouille. On entendait croasser des nuées d'immenses corbeaux noirs et gris qui venaient piquer le sol de leur bec et s'attaquer aux tombes qui s'étaient effondrées les jours précédents. Une petite brise apportait avec elle une puanteur immonde à l'endroit où se trouvaient Parvana et Shauzia, non loin de la partie ancienne du cimetière. Elles virent les garçons se disperser un peu partout et se mettre à creuser.

Parvana remarqua un homme assis à côté d'une grande balance, tout près d'un immeuble à moitié détruit.

« Qui est-ce ?

— Le marchand d'os. C'est lui qui nous les achète.

— Mais qu'est-ce qu'il en fait, après ?

— Il les vend à quelqu'un d'autre.

— Mais qui ça peut intéresser, d'acheter des os humains ?

— Écoute, on s'en fiche, du moment qu'on est payées. »

Shauzia tendit à Parvana l'une des planches grossièrement taillées qu'elle avait prises avec elle pour s'en servir de pelle.

« Viens, on s'y met. »

Elles se rendirent à la tombe la plus proche.

« Mais si... mais s'il y a encore quelqu'un, à l'intérieur ? bredouilla Parvana. Je veux dire... si ce n'est pas encore qu'un squelette...

— On va en trouver un avec les os qui sortent déjà de terre. »

Elles circulèrent entre les tombes, à la recherche de celle qui convenait. Elle ne fut pas longue à trouver.

« Étale la couverture, ordonna Shauzia. On mettra les os dessus, et après on en fera un balluchon. »

Parvana obéit, pleine de nostalgie pour le marché

et les moments qu'elle passait assise sous la fenêtre de sa mystérieuse amie.

Les deux filles se regardèrent, chacune espérant que l'autre se lancerait la première.

« On est ici pour gagner de l'argent, pas vrai ? » dit Shauzia.

Parvana hocha la tête.

« Alors allons-y, gagnons de l'argent. »

Elle attrapa le bout d'os qui dépassait de la terre et tira dessus. Il sortit sans difficulté de l'amas de saleté, telle une carotte qu'on aurait déterrée dans un potager. Shauzia le lança sur la couverture.

Parvana ne voulait pas laisser Shauzia faire tout le travail : elle prit sa planche et se mit à racler le sol pour évacuer la terre. Les bombes leur avaient grandement facilité le travail. La plupart des os étaient à peine recouverts de poussière, ce n'était rien du tout de les attraper.

« Tu crois que ça les embête, qu'on fasse ça ? demanda Parvana.

— Qui donc ?

— Ceux qui sont enterrés ici. Tu crois que ça les embête qu'on les déterre ? »

Shauzia s'appuya sur sa pelle.

« Ça dépend qui c'était. Si c'étaient des gens méchants, avares, ça ne leur aurait pas plu. Si c'étaient des gens généreux et gentils, ça leur aurait été égal.

— Et toi, ça te ferait quelque chose ? »

Shauzia la regarda, ouvrit la bouche pour répondre, puis la referma et repartit creuser. Parvana ne lui posa plus la question.

Quelques minutes plus tard, Parvana aperçut un crâne.

« Hé, regarde ! »

Elle se servit de la planche pour ameublir le sol tout autour, puis y alla avec les mains pour dégager ce qui restait de terre : elle ne voulait pas que le crâne se brise. Elle le montra à Shauzia comme si c'était un trophée de guerre.

« Il rigole.

— Évidemment qu'il rigole. Il est ravi de sortir un peu au soleil, après des jours et des jours dans le noir. N'est-ce pas que vous êtes content, monsieur Crâne ? »

Elle l'inclina : on avait l'impression qu'il répondait.

« Tu vois ? Qu'est-ce que je te disais ?

— Fais-le tenir bien droit sur la tombe. Ce sera notre mascotte. »

Parvana l'installa soigneusement sur la stèle brisée.

« On dirait que c'est notre chef, qu'il nous surveille pour être sûr que nous faisons notre travail correctement. »

Après avoir nettoyé la première tombe, elles se dirigèrent vers une autre, en compagnie de Monsieur Crâne qu'elles emportèrent avec elles. Peu après, un second crâne vint le rejoindre. Quand la couverture fut remplie d'ossements, il y avait cinq crânes juchés sur la stèle, bien en ligne et tout sourire devant les jeunes filles.

« Il faut que j'aille aux toilettes, dit Parvana. Comment est-ce que je vais faire ?

— Moi aussi, il faut que j'y aille, dit Shauzia en regardant autour d'elle. Il y a un porche là-bas, remarqua-t-elle en indiquant non loin de là un immeuble en ruine. Vas-y d'abord. Je surveille.

— Tu me surveilles ?

— Je surveille nos os.

— Je vais par là, directement ?

— Personne ne te regarde. C'est ça, ou sinon tu n'as qu'à te retenir. »

Parvana posa sa pelle. Cela faisait déjà un bon moment qu'elle l'avait entre les mains. Elle vérifia que nul ne pouvait la voir et prit la direction du porche.

« Hé ! Kaseem ! »

Parvana se retourna.

« Fais attention, il y a des mines[1] », lui lança Shauzia.

« À Kaboul, il y a plus de mines que de fleurs, disait son père. Les mines, il y en a autant que de

---

1. Mine : engin explosif qui se déclenche au passage d'un véhicule, d'un individu, ou à distance. Les mines qui explosent lorsqu'on marche dessus sont appelées « mines antipersonnel ».

pierres, et elles peuvent te faire exploser à n'importe quel moment. Rappelle-toi ton frère. »

Parvana se souvint du jour où, à l'école, un monsieur des Nations Unies[1] était venu dans la classe avec un tableau sur lequel étaient représentés les différents types de mines. Elle essaya de se remémorer à quoi elles ressemblaient. Certaines avaient l'air de jouets – cela, elle s'en souvenait – surtout les mines destinées plus particulièrement aux enfants.

Parvana regarda la trouée que faisait le porche de l'immeuble d'un œil méfiant – c'était l'obscurité totale. Parfois, les soldats, avant de partir, laissaient des mines dans les bâtiments bombardés. Et là, est-ce que c'était le cas ? Est-ce qu'elle allait sauter si elle entrait ?

Elle avait trois solutions. Soit elle n'allait pas aux toilettes avant de rentrer chez elle. Impossible : elle se sentait absolument incapable de se retenir plus longtemps. Soit elle trouvait un endroit à l'extérieur de l'immeuble, mais on pouvait la voir et se rendre compte que c'était une fille. Soit elle plongeait dans le noir, allait aux toilettes sans que personne la voie, en priant pour ne pas sauter sur une mine.

Elle choisit la troisième solution. Elle prit une profonde respiration, murmura rapidement une prière,

1. Organisation des Nations Unies, ou ONU : organisme créée en 1945 pour résoudre les conflits entre les pays.

et d'un bond fut de l'autre côté de la porte. Pas de mine.

« Pas de mine ? demanda Shauzia quand elle vit son amie revenir.

— Un bon coup de pied de temps en temps, et comme ça je dégageais la route », dit Parvana sur le ton de la plaisanterie, mais elle en tremblait encore.

Une fois Shauzia revenue de la même expédition, elles firent un balluchon des ossements amassés dans la couverture – elles y avaient ajouté les crânes – et transportèrent le tout jusqu'à l'emplacement où se trouvait l'acheteur avec sa balance. Il dut remplir trois paniers pour peser tout ce qu'elles lui apportaient. Il annonça le poids de l'ensemble, proposa un prix, et compta l'argent.

Tant qu'elles furent à proximité du marchand, Parvana et Shauzia ne dirent mot. Elles craignaient une erreur de sa part et qu'il ne les eût payées plus que ce qu'il ne leur devait.

« Il m'a fallu trois jours pour gagner tout ça, la semaine dernière, déclara Parvana.

— Je te l'avais dit, que ça nous rapporterait plein d'argent ! se réjouit Shauzia en lui tendant la moitié de la somme. On arrête pour aujourd'hui, ou on continue ?

— On continue, qu'est-ce que tu crois ! »

Mère l'attendait pour le déjeuner, mais elle inventerait bien une excuse.

Au milieu de l'après-midi, il y eut une petite éclaircie. En une seconde, des rayons de soleil enveloppèrent tout le cimetière.

Parvana fit un petit signe à Shauzia.

« Regarde ! »

Devant elles, sur des centaines de mètres, des amas d'ossements déterrés empilés çà et là, puis, plus loin, leurs camarades, crasseux, en nage, blanchis par la poussière, entourés de morceaux d'os de toutes parts, encore plus blancs sous le soleil qui venait de percer les nuages.

« Écoute, dit Parvana, c'est quelque chose que nous ne devrons jamais oublier : quand la vie sera un peu moins dure et que nous serons plus grandes, nous ne devrons jamais oublier qu'un jour, quand nous avions onze ans, nous avons passé des heures dans un cimetière à déterrer des bouts de squelettes pour les vendre parce qu'il fallait faire vivre nos familles.

— À ton avis, on nous croira quand on racontera ça ?

— Non. Mais nous, on saura que c'était vrai.

— Quand nous serons vieilles et riches, nous nous retrouverons l'après-midi pour boire le thé et évoquer nos souvenirs du temps où nous creusions les tombes pour récupérer les os. »

Elles étaient appuyées sur leurs planches et regardaient les autres enfants s'activer. De nouveau, le soleil se cacha, et elles se remirent au travail. Une seconde fois, elles allèrent porter une couverture pleine d'ossements au marchand... puis décidèrent que ce serait tout pour ce jour-là.

« Si nous donnons à nos familles tout ce que nous avons gagné, elles vont tout à coup avoir des millions de choses à acheter, et il ne nous restera plus rien pour nos chariots, dit Shauzia. On pourrait peut-être en garder un peu pour nos économies.

— Tu vas leur raconter ce que tu as fait aujourd'hui ?

— Non, répondit Shauzia.

— Moi non plus, dit Parvana. Je leur donnerai ce que je gagne d'habitude, peut-être un tout petit peu plus, mais c'est tout. Un jour, peut-être, je le leur raconterai – je ne sais pas –, mais pas aujourd'hui, en tout cas. »

Elles se partagèrent la recette et convinrent d'un rendez-vous le lendemain tôt le matin au cimetière.

Parvana alla faire un tour aux toilettes avant de partir. Ses vêtements étaient crasseux, elle les frotta du mieux qu'elle put pour en essuyer la poussière. Elle compta son argent, en mit une partie dans sa poche pour sa mère, et l'autre au fond de son sac à dos, avec le papier à lettres de son père.

Finalement, elle décida de se passer complètement la tête sous le robinet – peut-être que l'eau froide allait pouvoir laver les images de la journée qui lui envahissaient la tête... mais dès qu'elle fermait les yeux, c'était Monsieur Crâne et ses compagnons alignés sur les stèles qui venaient ricaner devant elle.

11

« Oh ! Tu es toute mouillée ! »

Ce fut la première chose que dit Maryam à sa sœur quand elle la vit franchir le seuil de l'appartement.

« Ça va ? s'inquiéta Mère en se précipitant sur elle. Mais où donc étais-tu ? Pourquoi est-ce que tu n'es pas rentrée déjeuner ?

— J'avais des trucs à faire », répondit Parvana.

Elle voulut s'écarter, mais sa mère la rattrapa et la retint d'une poigne ferme par les épaules.

« Où étais-tu ? répéta-t-elle. C'était horrible. On avait peur que tu n'aies été arrêtée. »

Toutes les images de la journée, tous les gestes qu'elle avait dû accomplir revinrent en masse d'un seul coup à l'esprit de Parvana. Elle se jeta au cou de sa mère et éclata en sanglots. Il lui fallut un bon moment avant de se calmer et de pouvoir parler.

« Allons, allons, dit Mère, maintenant, raconte-moi ce qui s'est passé. Où es-tu allée ? »

Regarder sa mère en face... c'était au-dessus de ses forces. Parvana se tourna vers le mur.

« Déterrer des os.

— Qu'est-ce que tu dis ? » demanda Nooria.

Parvana se détourna du mur, s'assit sur le *doshak*, et entreprit de tout raconter.

« Tu as vu des os pour de vrai ? » questionna Maryam.

Mme Weera la fit taire.

« Voilà ce qu'est devenu notre pays. Voilà ce que nous sommes devenus, soupira Mère. Nous déterrons les os de nos ancêtres pour nourrir nos familles...

— Tu sais, dit Mme Weera, les os, on s'en sert pour des tas de choses : pour nourrir les poules, pour fabriquer de l'huile, du savon, ou des boutons. Des os d'animaux, en tout cas, il paraît, pas des os d'êtres humains. Mais enfin, j'imagine que les êtres humains sont aussi des animaux.

— Et ça valait le coup ? s'enquit Nooria. Tu as gagné combien ? »

Parvana prit l'argent qu'elle avait mis dans sa poche, puis celui du sac à dos, et elle étala tout par terre.

« Tout ça pour déterrer des os, dit Nooria dans un souffle.

— Demain, tu vas me faire le plaisir de retourner au marché comme écrivain public. Je ne veux plus entendre parler de ces histoires de cimetière et de squelettes, déclara Mère. Nous n'avons pas besoin de cet argent : c'est sale !

— Non, protesta Parvana.

— Pardon ?

— Je m'arrêterai de faire ça un jour, mais pas tout de suite. Shauzia et moi, on veut s'acheter des chariots pour vendre des choses sur le marché. Ce serait mieux, tu comprends : je suivrais les gens dans les allées du marché, au lieu d'attendre qu'ils viennent à moi. Et ça nous rapporterait davantage.

— Mais avec ce que tu gagnes comme écrivain public, on s'en sort très bien.

— Non, Mère, dit Nooria, ce n'est pas vrai, nous avons beaucoup de mal. »

D'un mouvement vif, Mère se tourna vers Nooria, furieuse. Mais la jeune fille ne se laissa pas intimider.

« Nous n'avons plus rien à vendre. Avec ce que gagne Parvana, on peut s'acheter des *nans*, du riz et du thé, mais c'est tout. Comment est-ce que nous allons payer le loyer, le gaz, et le pétrole pour les lampes ? Si elle peut gagner plus en déterrant des os et puisqu'elle veut bien le faire, alors pourquoi est-ce que tu l'en empêcherais ? »

Parvana n'en revenait pas. Depuis quand Nooria prenait-elle sa défense ? C'était bien la première fois.

« Heureusement que ton père n'est pas là, il serait fou de rage de t'entendre me parler de cette manière, dit Mère.

— Eh bien, justement, intervint Mme Weera d'une voix douce, leur père n'est pas là. Nous vivons une époque qui n'est pas tout à fait normale. C'est le genre de moment qui oblige les gens normaux à faire des choses inhabituelles, parce qu'il faut bien vivre. »

Mère finit par se laisser convaincre.

« Dis-moi exactement comment ça se passe, je veux tout savoir, demanda-t-elle à Parvana. Nous en ferons un article pour notre magazine ; comme ça tout le monde saura ce qui se passe, où nous en sommes arrivés. »

Depuis ce jour-là, Parvana partit travailler avec dans son sac quelques *nans* que sa mère y avait glissés « vu que tu ne rentreras pas déjeuner à midi ». À midi, Parvana avait une faim de loup, mais l'idée de manger ses *nans* en plein milieu d'un champ d'ossements lui était difficile. Elle les offrait à l'un des nombreux clochards qu'on rencontre à Kaboul : cela permettait au moins à quelqu'un d'en faire bon usage.

Au bout de deux semaines, elles eurent assez d'argent pour pouvoir s'acheter deux chariots, avec les courroies pour les tirer.

« Il faudrait qu'on vende des choses pas trop lourdes », dit Shauzia.

Les cigarettes, cela leur parut une bonne idée : elles pouvaient les acheter par cartons entiers et les vendre par paquets. Elles se procurèrent également des chewing-gums, qu'elles vendirent par lots et parfois à la pièce. Il restait un peu de place sur leurs chariots : elle fut vite occupée par des boîtes d'allumettes.

« Finie la vie de serveur de thé ! s'exclama Shauzia, qui exultait.

— Et moi, je suis assez contente de ne plus avoir à mettre les pieds au cimetière », dit Parvana.

Elle s'entraînait à tirer le chariot derrière elle en faisant attention à ce qu'il ne se renverse pas. Pas question que toute cette belle marchandise verse dans la rue pleine de poussière.

Parvana reprit son emplacement sur le marché comme écrivain public. La matinée s'était presque entièrement écoulée, quand elle sentit à nouveau quelque chose qui lui effleurait les cheveux. « Elle vise drôlement bien, se dit Parvana. C'est la deuxième fois qu'elle l'envoie exactement où il faut. »

C'était une petite perle en bois rouge. Parvana la fit rouler dans sa main, se demandant bien à quoi pouvait ressembler la personne qui lui offrait ces petits cadeaux. Depuis qu'elle n'allait plus au cimetière, elle avait repris ses sorties quotidiennes avec Nooria et les petits à l'heure du déjeuner. Nooria avait complètement changé. Cela faisait des lustres qu'elle n'avait rien dit de méchant à sa sœur.

« À moins que ce ne soit moi qui ai changé », songea Parvana. Se disputer avec Nooria, franchement, cela ne présentait plus beaucoup d'intérêt.

L'après-midi, elle retrouvait Shauzia, et toutes les deux parcouraient la ville en quête de clients. Elles ne gagnaient pas autant d'argent qu'au cimetière, mais les affaires tournaient tout de même pas mal. Parvana commençait à bien connaître Kaboul.

« Regarde, là-bas, il y a plein de monde, dit un jour Shauzia – on était un vendredi après-midi – en indiquant le stade, qui se trouvait un peu plus loin : des milliers de gens se pressaient aux portes d'entrée.

— Super ! s'exclama Parvana. Les gens vont avoir envie de fumer et de mâcher du chewing-gum en regardant le match de foot. On va en vendre plein. On y va ? »

Elles se frayèrent un chemin à l'entrée du stade le plus vite qu'elles purent en évitant autant que possible de renverser leurs chariots. Des taliban poussaient les spectateurs à l'intérieur, en leur hurlant dessus pour les faire se dépêcher. Ils les poussaient et les forçaient à passer la porte en faisant tournoyer leurs cravaches pour que cela aille plus vite.

« Attends, on ne va pas aller se mettre à côté d'eux », conseilla Shauzia.

Elles contournèrent plusieurs groupes d'hommes et finirent par se glisser dans le stade.

Les gradins étaient pratiquement pleins. Les deux filles furent un peu intimidées de voir autant de monde, et elles restèrent l'une à côté de l'autre avant de parcourir les travées pour vendre leur marchandise.

« C'est terriblement calme, pour un match de football, fit remarquer Shauzia.

— C'est parce que ça n'a pas encore commencé. Tu verras, on va sûrement entendre les acclamations quand les joueurs pénétreront sur le terrain. »

Parvana avait vu des matchs à la télévision, avec le public debout sur les gradins qui ne cessait de crier.

Mais là, personne ne criait. Les hommes n'avaient pas du tout l'air ravis d'être là.

« C'est drôlement bizarre, glissa Parvana à l'oreille de son amie.

— Regarde ! »

Des taliban, nombreux, marchaient sur le terrain non loin d'elles. Elles se baissèrent aussitôt, jusqu'à avoir le sol au ras des yeux. Elles pouvaient observer ce qui se passait sur la pelouse sans que les soldats les voient.

« Viens, on sort d'ici, dit Shauzia. On ne va rien

vendre à personne, et je ne sais pas pourquoi, mais je ne me sens pas rassurée.

— Dès que le match commence, on s'en va, proposa Parvana. Si on essaie de partir maintenant, on va se faire remarquer. »

D'autres hommes parcouraient le terrain, mais ce n'étaient pas des joueurs. Certains s'avançaient avec les mains liées dans le dos. Une table, apparemment très lourde, fut apportée par deux soldats.

« Ce sont des prisonniers, je crois, chuchota Shauzia.

— Des prisonniers dans un match de football ? Mais qu'est-ce qu'ils font ici ? » répondit Parvana sur le même ton.

Shauzia haussa les épaules.

On délia les mains de l'un des hommes, puis on l'attacha sur la table. Des soldats le maintenaient de force, les bras écartés sur le plateau.

Parvana n'avait pas la moindre idée de ce qui allait se passer. Où étaient les joueurs ?

Tout d'un coup, un soldat sortit son glaive, le leva au-dessus de sa tête et l'abattit brutalement sur le bras de l'homme. Le sang jaillit partout. L'homme hurla de douleur.

À côté de Parvana, Shauzia se mit à crier. Parvana lui plaqua la main sur la bouche et l'attira sur le sol au milieu des gradins. Dans le stade, on n'entendait pas un souffle. Toujours aucune acclamation.

« Baissez les yeux, les garçons, dit une voix douce au-dessus de Parvana. Vous aurez bien le temps d'assister à ce genre de spectacle, quand vous serez grands. »

Les cigarettes et les chewing-gums s'étaient renversés et éparpillés partout, mais les hommes autour d'elles les aidèrent à les ramasser.

Les deux amies restèrent blotties aux pieds des spectateurs, avec dans les oreilles le bruit du glaive qui fendit l'air sur six autres bras.

« Ces hommes sont des voleurs, cria le soldat en s'adressant à la foule. Vous voyez comment on punit les voleurs ? On leur coupe les mains ! Vous voyez ? »

Parvana et Shauzia ne voulaient pas regarder. Elles gardaient la tête baissée. À un moment, l'inconnu à la voix douce leur dit :

« C'est fini pour la semaine. Venez, maintenant vous pouvez vous relever. »

Avec d'autres hommes, il les entoura et les accompagna jusqu'à la sortie.

Au moment où elle quittait le stade, Parvana croisa le regard d'un taliban, un tout jeune homme, tellement jeune qu'il ne portait pas encore la barbe.

Il tenait une corde sur laquelle étaient accrochées quatre mains, comme si ç'avait été des perles pour un collier. Il montrait son tableau de chasse à la foule en riant. Parvana espéra que Shauzia n'avait rien vu.

« Rentrez chez vous, les garçons, dit l'inconnu à la voix douce. Rentrez chez vous, et pensez à autre chose, des choses plus belles. »

12

Durant plusieurs jours, Parvana ne sortit pas de chez elle. Elle allait chercher de l'eau, avec Nooria elle faisait faire une courte promenade au soleil aux petits, mais sinon, elle préférait rester à la maison avec sa famille.

« J'ai besoin de souffler un peu, dit-elle à sa mère. Je ne veux plus voir d'horreurs, pendant un petit moment au moins. »

Mère et Mme Weera avaient entendu parler de ce qui se passait au stade par des femmes de leur groupe. Certaines le tenaient de leur mari ou de leur frère qui y avaient assisté.

« Cela a lieu tous les vendredis, dit Mère. Mais enfin dans quel siècle vivons-nous ? »

« Est-ce qu'ils emmèneront Père là-bas ? » voulait demander Parvana, mais elle ne posa pas la question. Mère n'aurait pas su lui répondre.

Durant ces journées qu'elle passa chez elle, Parvana aida Maryam à apprendre à compter, en essayant de suivre les explications de Nooria, et écouta Mme Weera raconter ses histoires. C'était un peu moins palpitant que celles de son père. C'étaient surtout des récits de matchs de hockey ou de compétitions d'athlétisme. Mais au moins, c'était distrayant, et Mme Weera avait un tel enthousiasme quand elle les racontait qu'elle transmettait sa joie à tout le monde.

Le pain vint à manquer. Personne ne dit rien. Parvana retourna travailler. Il fallait bien que quelqu'un s'en charge.

« Je suis drôlement contente que tu sois revenue, se réjouit Shauzia quand elle vit Parvana au marché. Tu me manquais. Où est-ce que tu étais ?

— Je n'avais pas envie de travailler, répondit Parvana. Je préférais me reposer un peu.

— Ça ne me déplairait pas, à moi non plus, mais c'est plus bruyant à la maison qu'ici, au marché.

— Ils continuent à se disputer, chez toi ? »

Shauzia fit « oui » de la tête.

« De toute façon, les parents de mon père n'ont

jamais tellement apprécié ma mère. Et maintenant ils dépendent d'elle. Ça les fait râler. Ma mère, elle râle, elle aussi, parce qu'on est obligées de vivre avec eux, on n'a pas d'autre endroit où aller. Bref, tout le monde râle. Et quand ils ne se disputent pas, ils se regardent en chiens de faïence. »

Parvana pensa à la façon dont cela se passait chez elle parfois, tout le monde les lèvres pincées et les larmes aux yeux. Mais chez Shauzia, cela avait l'air d'être bien pire.

« Je peux te confier un secret ? » demanda Shauzia.

Elle entraîna Parvana un peu plus loin, près d'un petit mur au pied duquel elles s'assirent.

« Bien sûr. Je ne le répéterai à personne.

— Chaque jour, je mets un peu d'argent de côté. Je vais partir d'ici.

— Où ça ? Quand ? »

Shauzia tapait nerveusement le mur de son pied. Parvana lui fit signe d'arrêter. Elle avait vu un taliban frapper un enfant qui donnait des coups dans une planche comme si c'était un tambour. Les taliban avaient la musique en horreur.

« Je vais rester ici jusqu'au printemps, dit Shauzia. J'aurai déjà pas mal d'économies, et de toute façon il vaut mieux ne pas voyager pendant l'hiver.

— Est-ce que tu crois qu'au printemps nous

devrons encore nous habiller en garçon ? Ça fait long, d'ici là.

— Je veux continuer à m'habiller en garçon, même après le printemps, déclara Shauzia en pesant ses mots. Si je redeviens une fille, on va me coincer à la maison. Je ne pourrais pas le supporter.

— Mais où iras-tu ?

— En France. Je prendrai un bateau et j'irai en France.

— Pourquoi en France ? » demanda Parvana.

Le visage de Shauzia s'éclaira tout d'un coup.

« Sur toutes les images de la France que j'ai pu voir, il fait beau, les gens sourient, il y a des fleurs partout. Il y a sûrement des moments difficiles, aussi, pour les habitants de là-bas, mais je ne pense pas que ça soit aussi difficile qu'ici. Sur une photo, un jour, j'ai vu tout un champ de fleurs violettes. C'est là que je veux aller. Je veux aller dans ce champ, m'asseoir au milieu des fleurs, et ne plus penser à rien. »

Parvana s'efforça de se représenter une carte du monde.

« Tu es sûre qu'on puisse aller en France par bateau ?

— Sûre et certaine. J'ai tout prévu. J'irai voir un groupe de nomades, je leur dirai que je suis un orphelin et je voyagerai avec eux jusqu'au Pakistan. Mon père m'a raconté qu'ils circulaient en fonction des saisons, à la recherche de pâturages pour leurs moutons. Une fois au Pakistan, je partirai pour la mer d'Arabie, je prendrai un bateau, et direction : la France ! »

À l'entendre, cela avait l'air tout ce qu'il y a de plus simple.

« Évidemment, le premier bateau que je prendrai ne m'emmènera peut-être pas directement là-bas, mais au moins je partirai d'ici. Tout sera plus facile à partir du moment où j'aurai quitté ce pays.

— Et tu t'y rendras toute seule ! »

Parvana ne se voyait pas entreprendre un tel voyage toute seule.

« Personne ne fera attention à un petit orphelin : je passerai inaperçue, répondit Shauzia. J'espère seulement qu'il n'est pas trop tard.

— Comment ça ?

— J'ai grandi. »

Elle se mit à parler tout bas :

« Mon corps a changé. Si ça continue, je serai vraiment une fille, aucun doute là-dessus ! Et là, on m'enfermera à la maison. Mais bon, je ne grandis pas si vite que ça, hein, qu'est-ce que tu en penses ? Peut-être qu'il faudrait que je parte avant le printemps. Je n'ai pas envie que tout mon projet s'envole en fumée d'un seul coup. »

Parvana n'avait aucune envie de voir partir son amie, mais elle voulut être honnête avec elle.

« Je me souviens comment ça s'est passé, pour

Nooria. Ce que je regardais surtout, c'étaient ses cheveux qui poussaient drôlement vite. Mais le corps, il ne change pas comme ça en une semaine. Si tu veux mon avis, tu as le temps. »

Shauzia recommença à donner des coups de pied dans le mur. Puis elle se mit debout – ce qui évitait d'avoir envie de continuer.

« Oui, je compte là-dessus.

— Et tu laisseras ta famille ? Mais comment ils vont faire pour manger ?

— Ça, je m'en fiche ! »

Elle parlait plus fort, tout d'un coup, et sa voix se brisa, comme si elle voulait s'empêcher de pleurer :

« Il faut que je parte d'ici, c'est tout. Je sais bien que ce n'est pas gentil pour eux ; mais comment faire autrement ? Si je reste ici, je vais mourir ! »

Parvana se rappela les discussions que ses parents avaient – sa mère qui voulait absolument fuir l'Afghanistan, son père qui insistait pour rester. Pour la première fois, Parvana se demanda pourquoi sa mère n'était pas partie. Elle trouva immédiatement la réponse. Impossible pour elle de le faire en catimini avec quatre enfants à nourrir.

« Tout ce que je souhaite, c'est redevenir une enfant normale, voilà, dit Parvana. Aller à l'école, rentrer chez moi après la classe et manger ce que quelqu'un m'aura préparé. Mon père serait là. Une vie normale, c'est tout, une vie banale.

— Moi, je ne crois pas que je pourrai retourner à l'école un jour, dit Shauzia. Pas après tout ce qui s'est passé. »

Elle reprit son chariot et arrangea la marchandise.

« Tu n'en parles à personne, tu me le promets ? »

Parvana promit.

« Tu ne veux pas venir avec moi ? demanda Shauzia. Ce serait bien : on veillerait chacune l'une sur l'autre.

— Je ne sais pas. »

Quitter son pays, peut-être, mais abandonner sa famille ? Non, elle ne s'en sentait pas capable.

« Moi aussi, j'ai un secret », avoua-t-elle.

Elle plongea la main dans sa poche et en ressortit les petits cadeaux qu'elle avait reçus de la Dame de la Fenêtre. Elle raconta toute l'histoire à Shauzia.

« Dis donc ! s'exclama Shauzia. C'est un véritable mystère ! Je me demande bien qui ça peut être. Peut-être que c'est une princesse !

— Peut-être qu'on peut la sauver ! » dit Parvana.

Elle s'imagina en train de grimper le long du mur, briser à mains nues la vitre peinte et aider la princesse à descendre. La princesse serait habillée de soie et couverte de bijoux. Parvana lui ferait chevaucher un rapide destrier et elles galoperaient à travers Kaboul dans un nuage de poussière.

« Bon, il faut un cheval qui galope vite, dit-elle.

— Et ceux-là ? Tiens, regarde », lança Shauzia en

montrant un troupeau de moutons qui bêlaient, la toison traînant par terre et le museau dans un tas d'ordures qui envahissaient le sol du marché.

Parvana éclata de rire, et les deux filles retournèrent travailler.

La mère de Parvana lui avait donné une idée : Parvana acheta quelques livres de fruits secs et de noix ; Nooria et Maryam les répartirent dans de petits sacs, afin d'en faire des portions pour une personne que Parvana vendait assise sur sa couverture ou en les transportant dans son chariot.

L'après-midi, Shauzia et elle parcouraient le marché à la recherche d'éventuels clients. Elles se rendaient parfois au terminus des bus, mais là, la concurrence était rude. Beaucoup de garçons avaient eu la même idée. Ils repéraient quelqu'un, se postaient droit devant lui, et criaient : « Achetez mes chewing-gums ! Allons-y, allons-y dans les chewing-gums ! Achetez mes cigarettes ! » Parvana et Shauzia étaient trop timides pour en faire autant. Elles préféraient attendre que les clients les repèrent.

Parvana était fatiguée. Elle aurait voulu s'asseoir dans une salle de classe, et qu'on l'ennuie à mourir avec une leçon de géographie. Elle voulait être avec ses amis, parler des devoirs qu'il y avait à faire, de jeux, de ce qu'ils feraient pendant les vacances. Elle ne voulait plus entendre parler de mort, de sang ni de douleur.

Le marché l'intéressait moins qu'avant. Cela la faisait moins rire de voir un passant se disputer avec un imbécile d'âne qui refusait de le laisser traverser la rue. Cela ne l'intéressait plus du tout de surprendre des bribes de conversations des passants qu'elle croisait. Partout, elle ne voyait que des gens qui avaient faim et qui étaient malades. Des femmes en *tchadri* assises par terre et qui mendiaient, avec leur bébé agrippé à leurs genoux.

Et il n'y avait aucune raison pour que cela cesse. On aurait pu se dire que c'était passager, une sorte de vacances d'été qui se termineraient bientôt, et qu'après la vie normale allait reprendre son cours. Mais non : *c'était* la vie normale, et Parvana en avait assez.

L'été était arrivé. Par terre, un peu partout, des fleurs s'étaient mises à pousser, se fichant pas mal des mines que les taliban avaient laissées dans les rues, sur les terrains, et elles fleurissaient, même, comme elles auraient fleuri en temps de paix.

Chez Parvana, dans l'appartement avec sa toute petite fenêtre, il se mit à faire très chaud durant les longues journées de juin, et les petits, la nuit, geignaient dans leur sommeil. Même Maryam, elle qui était toujours de bonne humeur, avait pris l'habitude de se plaindre. Parvana était heureuse de pouvoir s'échapper chaque matin de la maison.

Ce fut la saison des fruits, de beaux fruits produits

dans les vallées fertiles – quand elles n'avaient pas été ravagées par les bombes – et qu'on trouvait maintenant sur le marché de Kaboul. Parvana rapportait des petites gâteries à sa famille les jours où les affaires avaient été bonnes. Il y eut des pêches, la semaine suivante des prunes.

Par les sentiers de montagne, redevenus praticables, descendaient à Kaboul des marchands de tout le pays. Assise sur sa couverture, et surtout quand elle arpentait le marché avec Shauzia pour vendre leurs cigarettes, Parvana voyait arriver des gens de Bamiyan, du désert du Regestan près de Kandahar, ou de la passe de Wakhan, aux confins de la Chine.

Parfois ils s'arrêtaient à son stand et lui achetaient des fruits secs ou des cigarettes. Parfois ils lui donnaient quelque chose à lire ou à écrire. À chaque fois elle leur demandait d'où ils venaient, à quoi ressemblait leur pays, et chaque jour elle avait quelque chose de nouveau à raconter à sa famille quand elle rentrait chez elle. Tantôt ils lui parlaient du temps qu'il faisait chez eux, tantôt ils lui décrivaient les splendides montagnes ou les champs de pavots qui fleurissaient la campagne, ou les vergers remplis de fruits. Parfois aussi ils lui racontaient la guerre, les combats auxquels ils avaient assisté ou les proches qu'ils avaient perdus. Parvana faisait bien attention à se souvenir de tout pour tout répéter dans les moindres détails.

Grâce au groupe de femmes de Mère et de

Mme Weera, la petite école clandestine commença à fonctionner. C'était Nooria qui enseignait. Les talibans fermaient la moindre école dès qu'ils mettaient la main dessus, et elle devait être très prudente. Il n'y avait que cinq élèves, y compris Maryam. Toutes avaient à peu près le même âge. On les avait réparties en deux groupes, jamais les mêmes d'un jour sur l'autre. Tantôt les élèves venaient chez Nooria, tantôt c'était elle qui se déplaçait. Parvana leur servait parfois d'accompagnateur. Il lui arrivait d'emmener Ali avec elle – cela n'était pas simple : il se débattait comme un beau diable.

« Il commence à être un peu grand pour qu'on l'emmène partout », dit Nooria à Parvana un jour où elles se promenaient.

Mère avait bien voulu qu'on le laisse à la maison, pour que Nooria souffle un peu. Elles se promenaient avec Maryam, qui était facile.

« Et tes élèves, ça se passe bien ?

— Avec quelques heures de cours par semaine seulement, elles ne peuvent pas apprendre grand-chose, répondit Nooria. Et puis, on n'a aucune affaire, ni livre ni cahier. Mais enfin, c'est toujours mieux que rien. »

Régulièrement, toutes les deux semaines environ, un petit cadeau atterrissait de la fenêtre peinte en noir sur la couverture de Parvana : un morceau de tissu brodé, un bonbon, ou bien tout simplement une perle.

C'était comme si la Dame de la Fenêtre lui disait : « Je suis là, je ne t'oublie pas », de sa manière à elle. Chaque jour, au moment de quitter le marché, Parvana inspectait soigneusement sa couverture, au cas où un petit objet aurait glissé par terre sans qu'elle le voie.

Un après-midi, elle perçut des bruits au-dessus de sa tête. Un homme criait, très en colère. Il criait après une femme qui pleurait et hurlait. Parvana entendit plusieurs coups mats, suivis d'autres hurlements. Sans réfléchir, elle se leva et regarda en direction de la fenêtre, mais à cause de la vitre peinte en noir, elle ne put rien voir.

« Ce qui se passe chez les autres, ça ne te concerne pas », dit une voix derrière elle.

Elle se retourna et vit un homme qui tenait une enveloppe à la main.

« Oublie ce que tu as entendu et occupe-toi de tes affaires. J'ai une lettre à te faire lire. »

Elle avait l'intention de raconter l'incident à sa famille, mais elle n'en eut pas l'occasion. Sa famille, par contre, avait quelque chose à lui apprendre.

« Tu me croiras si tu veux, lui dit sa mère : Nooria va se marier. »

13

« Mais tu ne l'as jamais rencontré ! » s'exclama Parvana le lendemain au déjeuner.

C'était le seul moment de la journée où elle et Nooria pouvaient se retrouver seules toutes les deux et parler un peu.

« Bien sûr que si, je l'ai rencontré. Ses parents et lui ont été nos voisins pendant des années.

— Oui, mais à cette époque, il était tout jeune. Je croyais que tu voulais retourner à l'école.

— Eh bien, justement, je vais y retourner, déclara Nooria. Tu n'as donc pas entendu ce que Mère disait hier soir ? Je vais aller vivre à Mazar-e-Charif, dans le nord. Là-bas, il n'y a pas de taliban. Les filles ont toujours le droit d'aller à l'école. Ses deux parents ont fait des études. J'irai jusqu'en terminale et non seulement ça, mais en plus ses parents m'enverront à l'université de Mazar. »

Tous ces projets étaient exposés dans une lettre que Nooria avait reçue pendant que Parvana était au marché. Les femmes de la famille du jeune homme appartenaient au même groupe de femmes que Mère. La lettre avait circulé de l'une à l'autre, pour finir par atterrir entre les mains de Mère. Parvana l'avait lue, mais elle avait encore mille questions à poser à sa sœur.

« C'est vraiment ça que tu veux faire ? »

Nooria hocha la tête.

« Regarde à quoi ressemble ma vie, ici, Parvana. Les taliban me font horreur. J'en ai assez de m'occuper des petits. Je donne tellement peu de cours : à quoi est-ce que ça rime ? Il n'y a aucun avenir, pour moi, ici. Au moins, à Mazar, je pourrai poursuivre mes études, je pourrai marcher dans les rues de la ville sans être obligée de porter un *tchadri*, et trouver du travail quand j'aurai obtenu mon diplôme. À Mazar, ça ressemblera un peu à une vraie vie, enfin peut-être. Oui, c'est ça que je veux faire. »

Les jours suivants, il y eut des heures et des heures de discussions sur la façon dont on allait organiser les choses. Parvana, qui passait ses journées dehors, n'y assistait pas. Quand elle rentrait le soir du marché, on la tenait simplement informée des décisions prises.

« Nous allons aller à Mazar pour le mariage, annonça Mère un jour. Là-bas, ta tante peut tous nous héberger, pendant les préparatifs. Après quoi, Nooria ira vivre dans sa nouvelle famille. Nous serons de retour à Kaboul en octobre.

— Mais on ne va pas quitter Kaboul, c'est impossible ! s'écria Parvana. Et Père ? S'il sort de prison et que nous ne soyons pas là ? Il ne saura pas où nous trouver !

— Je serai là, moi, rectifia Mme Weera. Je pourrai lui dire où vous êtes et m'occuper de lui jusqu'à votre retour.

— Il n'est pas question que j'envoie Nooria toute seule à Mazar, dit Mère. Tu es une enfant, tu viens avec nous, c'est tout.

— Non, je n'irai pas, déclara Parvana en tapant du pied.

— Tu feras ce qu'on te dit, ordonna Mère. À force de courir les rues toute seule, non mais, tu finis par te prendre pour qui ? !

— Je n'irai pas à Mazar ! répéta Parvana en tapant du pied de plus belle.

— Apparemment, tes pieds meurent d'envie d'une petite promenade. Tu devrais aller leur faire prendre l'air cinq minutes, dit Mme Weera. Et va chercher de l'eau au robinet, pendant que tu y es. »

Parvana empoigna le seau d'un air bougon et se fit un plaisir de claquer la porte en partant.

Elle bouillait de rage. Au bout de trois jours, sa mère vint lui parler :

« Tu peux arrêter de faire cette tête. Nous avons décidé que tu resterais ici. Ce n'est pas parce que tu boudes depuis trois jours. Il ne faut pas que tu imagines qu'une enfant de onze ans doit pouvoir dire à sa mère ce qu'elle a le droit de faire ou non. Nous avons décidé de ne pas t'emmener parce qu'il serait trop compliqué d'expliquer aux gens pourquoi tu es habillée en garçon. Ma tante gardera le secret – là-dessus j'ai toute confiance –, mais les autres, je ne sais pas si on pourrait compter sur eux. C'est trop risqué. »

Parvana était heureuse de rester à Kaboul, mais en même temps un peu vexée qu'on ne l'emmène pas.

« Au début j'étais contente, et puis maintenant je ne sais plus, confia-t-elle le lendemain à Shauzia.

— C'est comme moi, dit Shauzia. Je me disais qu'en vendant des choses sur le marché avec mon chariot, je serais contente, et en fait pas du tout. Je gagne plus d'argent que lorsque je servais le thé, mais finalement ça ne change pas grand-chose. Ma famille n'a toujours pas assez à manger. Et ils passent toujours autant de temps à se disputer. De ce côté-là, il n'y a rien qui change non plus.

— Qu'est-ce qu'on peut faire ?

— Peut-être que quelqu'un devrait faire sauter une énorme bombe sur le pays et on recommencerait tout à zéro.

— Ils ont déjà essayé, dit Parvana. Ça n'a fait qu'empirer les choses. »

L'une des femmes du groupe devait accompagner la famille de Parvana à Mazar. Son mari leur servirait d'escorte. Si les taliban les interrogeaient, Mère dirait qu'elle était la sœur du mari, et Nooria, Maryam et Ali ses neveu et nièces.

Nooria astiqua le placard familial une dernière fois. Parvana la regarda préparer sa valise.

« Si tout se passe bien, nous serons à Mazar dans deux jours, déclara Nooria.

— Tu n'as pas peur ? lui demanda Parvana. Le voyage va être long.

— Je me dis souvent que plein de choses vont mal se passer, mais Mère pense que tout ira bien. »

Le trajet devait s'effectuer à l'arrière d'un camion.

« Dès qu'on aura quitté le territoire contrôlé par les taliban, j'arrache ce *tchadri* et j'en fais des confettis. »

Le lendemain, Parvana acheta au marché des provisions pour la famille. Elle voulait aussi offrir un cadeau à Nooria. Elle parcourut toutes les allées du marché et finit par se décider pour un stylo présenté dans un joli écrin orné de perles. Quand Nooria s'en servirait, à l'Université, et plus tard, quand elle serait institutrice, elle penserait à Parvana.

« Nous ne rentrerons pas avant la fin de l'été, dit Mère à Parvana la veille de leur départ. Tu seras sage avec Mme Weera. Tu lui obéis, et tu fais en sorte que tout se passe bien, d'accord ?

— Parvana et moi, nous allons bien nous entendre, affirma Mme Weera, et quand vous serez de retour, le magazine devrait revenir du Pakistan, tout frais sorti de chez l'imprimeur et prêt à être diffusé. »

Le matin suivant, ils partirent à la première heure du jour. On était au milieu du mois de juillet ; il faisait frais, à cette heure-là, mais la journée s'annonçait très chaude.

« Nous devrions y aller », suggéra Mère.

La rue était déserte, et Nooria, Mme Weera et elle avaient relevé leur *tchadri* ; leur visage était découvert.

Parvana embrassa Ali, tout grognon et capricieux d'avoir été réveillé si tôt. Mère l'installa par terre à l'arrière du camion. Puis Parvana dit au revoir à Maryam et l'aida à monter.

« Au revoir, ma chérie ; je te reverrai en septembre, lui dit Mère en la prenant dans ses bras. Je veux être fière de toi.

— Ne t'en fais pas, articula Parvana, qui essayait de ne pas pleurer.

— Je ne sais pas quand nous nous reverrons », lui dit Nooria avant de grimper dans le camion.

Elle tenait dans sa main, bien serré, le cadeau que Parvana lui avait offert.

« Oh, dans pas longtemps, balbutia Parvana avec un sourire, tandis que deux grosses larmes coulaient le long de ses joues. Dès que ton mari se rendra compte que tu veux toujours décider de tout, il te renverra à Kaboul le plus vite possible. »

Nooria éclata de rire, puis monta dans le camion. Sa mère et elle remirent leur *tchadri*. Ceux qui les accompagnaient, la femme du groupe et son mari, s'étaient installés sur les sièges avant. Parvana et Mme Weera les regardèrent s'éloigner en leur adressant des signes de la main.

« Une tasse de thé, qu'est-ce que tu en penses ? Ça nous ferait du bien », proposa Mme Weera, et elles regagnèrent l'appartement.

Les deux semaines qui suivirent parurent étranges à Parvana. Elles n'étaient plus que trois dans l'appartement : Mme Weera, sa petite-fille et elle, et la pièce semblait presque vide. Moins de monde, moins de ménage à faire, moins de bruit, mais plus de temps mort. Finis les caprices d'Ali : mais même cela manquait à Parvana. Plus les semaines passaient, plus elle était pressée de revoir tout le monde.

Mais elle était heureuse d'avoir plus de temps pour elle. Pour la première fois depuis que son père avait été arrêté, elle alla prendre les livres qui étaient toujours cachés dans le tiroir secret du placard. Le soir, elle lisait et écoutait Mme Weera lui raconter ses histoires.

Cette dernière lui faisait confiance : c'était sa façon de voir les choses.

« Il y a des régions dans ce pays où les filles de ton âge sont mariées et ont des enfants, disait-elle. Si tu as besoin de moi, je suis là, mais si tu veux mener ta vie comme tu l'entends, c'est bien aussi. »

Elle insista pour que Parvana garde une partie de ce qu'elle gagnait au marché comme argent de poche. Parfois, Parvana invitait Shauzia pour le déjeuner : elles allaient se régaler d'un kebab[1] sur l'un des multiples stands du marché. Elles pouvaient profiter tranquillement des toilettes qui s'y trouvaient et, après le repas, elles retournaient travailler. Parvana préférait cette organisation : ne rentrer chez elle que le soir, plutôt qu'à midi. De cette manière, elle avait le sentiment que cela faisait un jour d'écoulé, un jour de plus et sa famille allait bientôt revenir.

Vers la fin du mois d'août, il y eut un terrible orage. Shauzia était déjà à son logis. Voyant le ciel s'obscurcir, elle n'avait pas voulu rester, par peur de se faire mouiller.

Parvana était moins raisonnable : elle se fit complètement tremper. Elle tenta de protéger de ses bras son

1. Kebab : morceaux de viande enfilés sur une brochette et grillés.

chariot plein de paquets de cigarettes pour éviter qu'elles ne prennent la pluie, et s'engouffra dans un immeuble à moitié en ruine. Elle avait décidé d'attendre là la fin de l'orage, et de ne rentrer que lorsque ce serait terminé.

Il faisait sombre dehors, et on y voyait encore moins à l'intérieur. Il lui fallut un petit moment avant que ses yeux ne s'habituent à l'obscurité. Parvana s'appuya le dos contre la porte d'entrée, et l'attente commença. Par l'ouverture, elle regardait Kaboul, que la pluie était en train de transformer en un immense champ de boue.

Des bourrasques de vent mêlées de pluie l'obligèrent à s'abriter mieux : elle s'installa plus à l'intérieur de l'immeuble. Pourvu qu'il n'y ait pas de mine... Elle trouva un endroit à peu près sec et s'assit par terre. La pluie qui martelait le sol produisait un bruit régulier et ininterrompu. Parvana se sentit bientôt prise par une envie de somnoler. Au bout de quelques minutes, elle était complètement assoupie.

Quand elle se réveilla, la pluie avait cessé, même si le ciel était encore très chargé.

« Il doit être tard », dit Parvana à voix haute.

C'est à ce moment-là qu'elle entendit les pleurs d'une femme, non loin d'elle.

14

C'étaient des pleurs étouffés, très tristes : un bruit qui n'avait rien d'effrayant.

« Ohé ? » appela doucement Parvana.

Impossible de voir où était assise la femme qui pleurait : il faisait trop sombre. Parvana fouilla dans les paquets de son chariot pour en retirer des allumettes. Elle en gratta une, la flamme s'éleva. Elle la tint droite devant elle, et se mit à la recherche de l'inconnue.

Au bout de trois allumettes, elle la repéra enfin, recroquevillée au bas d'un mur non loin d'elle. Elle garda la boîte d'allumettes à la main pour éclairer son chemin jusqu'à elle.

« Comment est-ce que vous vous appelez ? » demanda Parvana.

La femme n'arrêtait pas de pleurer.

« Moi, c'est Parvana. Je devrais dire " Kaseem ", parce qu'officiellement je suis un garçon. Je suis habillée en garçon : comme ça, je peux gagner un peu d'argent ; mais en fait je suis une fille. Maintenant, vous connaissez mon secret. »

L'inconnue ne disait rien. Parvana jeta un coup d'œil à travers la porte d'entrée de l'immeuble. Il commençait à se faire tard. Si elle voulait être de retour avant le couvre-feu, il fallait qu'elle parte tout de suite.

« Venez avec moi, proposa Parvana. Ma mère n'est pas là, mais il y a Mme Weera. Elle a toujours une solution à tout. »

Elle gratta une autre allumette et l'approcha de la femme. Tout d'un coup, elle se rendit compte qu'elle voyait son visage : il n'était pas voilé.

« Où est votre *tchadri* ? »

Elle regarda autour d'elle mais ne vit rien.

« Vous sortez sans *tchadri* ? »

La femme hocha la tête.

« Mais comment ça ? Ça peut vous causer beaucoup d'ennuis. »

La femme se contenta de hocher la tête à nouveau.

Parvana eut une idée.

« Tenez, voici ce qu'on va faire. Je vais aller seule

chez moi, j'emprunterai le *tchadri* de Mme Weera, et je vous l'apporterai. Puis on retournera toutes les deux à la maison. D'accord ? »

Parvana était en train de se lever, lorsque la femme lui agrippa le bras.

Parvana regarda à nouveau dehors ; la nuit était en train de tomber.

« Il faut que je dise à Mme Weera où je suis. Le jour, je fais à peu près ce que je veux, mais le soir, si je ne suis pas rentrée, elle risque de s'inquiéter. »

Mais à nouveau la femme la retint par son vêtement.

Parvana ne savait trop quoi faire. Il n'était pas question de passer la nuit dans cet immeuble, mais apparemment cette femme était terrorisée et ne voulait pas rester seule. À tâtons, Parvana récupéra son chariot, et trouva deux petits sachets de fruits secs et de noisettes.

« Tenez, dit-elle à la femme en lui en tendant un. On aura l'esprit plus clair quand on aura mangé un peu. »

La femme n'en fit qu'une bouchée.

« Vous devez être affamée », remarqua Parvana.

Elle lui en donna un autre.

Tout en mangeant, elle réfléchissait. « J'ai une idée, une meilleure idée, déclara-t-elle. Si vous pensez à autre chose, dites-le-moi. Sinon, on fera comme ça. On va attendre jusqu'à ce qu'il fasse complètement nuit. Et après, on ira chez moi ensemble. Vous avez un tchador ? »

L'inconnue fit « non » de la tête. Parvana se dit qu'elle-même avait peut-être son *patoul*, mais on était en été, et elle l'avait laissé à la maison.

« D'accord ? » demanda-t-elle.

La femme hocha la tête.

« Bon. À mon avis, on devrait s'approcher de la porte. Comme ça, au moment de partir, on aura repéré le trajet et on pourra marcher dans les rues sans avoir besoin d'allumettes. Il ne faut surtout pas qu'on se fasse remarquer. »

Parvana aida doucement la femme à se lever. Avec mille précautions, elles se dirigèrent vers l'entrée de l'immeuble, à un endroit d'où personne ne pouvait les voir. Elles attendirent en silcnce que la nuit tombe tout à fait.

La nuit, à Kaboul, était très sombre. Cela faisait plus de vingt ans que le couvre-feu avait été décrété. Un grand nombre de lampadaires avait été détruit par les bombes ; quant à ceux qui avaient été épargnés, la plupart ne fonctionnaient plus.

« Avant, Kaboul était l'une des villes les plus animées de l'Asie centrale, disaient les parents de Parvana. La nuit, on déambulait dans les rues, on allait manger des glaces. Aux premières heures de la matinée, on faisait du lèche-vitrine, on furetait dans les boutiques de livres et de disques. C'était une ville de lumières, une ville qui bougeait et où on s'amusait beaucoup. »

Parvana n'arrivait pas du tout à se représenter ce à quoi cela avait pu ressembler.

La nuit était tombée depuis un bon moment.

« Restez près de moi », murmura Parvana.

Mais, la femme lui avait pris la main et ne la lâchait pas.

« Ça n'est pas très loin, mais je ne sais pas du tout combien de temps cela va nous prendre, de nuit. Vous n'avez rien à craindre. »

Elle sourit, pour se donner l'air de celle qui est pleine de courage. Il faisait trop sombre pour que la femme la voie, elle le savait, mais se forcer à sourire réconfortait Parvana.

« Je suis Malali, je mène mes troupes à travers le territoire ennemi », se dit-elle tout bas.

Cela aussi, ça l'aidait, même si elle était loin de se prendre pour une héroïne de guerre, avec son chariot plein de cigarettes dont la courroie lui serrait le cou.

Dans le noir, les rues étroites et tortueuses du marché ne ressemblaient à rien de ce qu'elle connaissait. Leurs pas retentissaient dans les allées vides. Parvana, à un moment, fut sur le point de dire à la femme de faire moins de bruit – pour les taliban c'était un crime quand on était une femme de marcher en faisant du bruit –, mais elle se ravisa. Si les taliban les surprenaient après le couvre-feu – une fille habillée en garçon avec une femme sans *tchadri* et la tête complètement découverte –, elles pouvaient toujours faire du bruit, c'était le dernier de leurs soucis. Parvana se souvint de la scène du stade. Elle n'avait aucune envie de réfléchir au sort que les taliban leur réserveraient, à elle et à sa compagne.

Parvana vit des phares, au loin, éclairer dans leur direction : elle tira la femme par la manche et elles s'enfoncèrent dans une entrée d'immeuble, le temps que le camion plein de soldats les dépasse. À plusieurs reprises, elles manquèrent de trébucher sur le sol mal nivelé. À un moment – Parvana eut l'impression que cela durait des heures, elle sentait son cœur battre à tout rompre –, Parvana crut qu'elles s'étaient perdues. Mais elle finit par retrouver son chemin, et elles continuèrent à avancer dans la nuit.

Quand elles arrivèrent dans la rue de Parvana, elle tira encore la femme par la main et se mit à courir. Elle avait tellement peur, à cet instant-là, qu'elle se disait que, si elle n'était pas à la maison dans trois minutes, elle allait s'effondrer.

« Enfin, te voilà ! »

Mme Weera était tellement soulagée qu'elle serra à la fois Parvana et la jeune femme inconnue dans ses bras sans même se rendre compte de ce qu'elle faisait.

« Mais tu es avec quelqu'un ! Chère madame, vous êtes la bienvenue ici. »

Elle regarda l'étrangère en fronçant les sourcils.

« Parvana, ne me dis pas que tu lui as fait traverser la ville habillée comme ça ! Sans *tchadri* ? »

Parvana lui raconta toute l'histoire.

« Je crois qu'il y a quelque chose qui ne va pas. »

Mme Weera n'hésita pas une seconde. Elle entoura la jeune femme de son bras.

« Peu importe les détails, on verra après. Il y a de l'eau chaude pour vous, vous allez pouvoir faire votre toilette ; et après ça, un bon dîner bien chaud. Vous n'avez pas l'air d'être bien plus âgée que Parvana, dites-moi. »

Parvana dévisagea la jeune femme avec attention. Elle ne l'avait pas encore vraiment bien vue : il faisait trop sombre. Elle devait être un tout petit peu plus jeune que Nooria.

« Attrape-moi des vêtements propres », dit Mme Weera.

Parvana sortit du placard un *shalwar kamiz* qui appartenait à Mère, tandis que Mme Weera entraînait la jeune femme dans la salle d'eau et refermait la porte.

Parvana s'occupa de garnir son chariot pour le lendemain, puis étendit la nappe sur le sol. Elle avait à peine eu le temps de disposer les *nans* et les tasses à thé que Mme Weera ressortait déjà de la salle d'eau suivie de leur hôte.

Habillée de frais avec les vêtements de Mère, les cheveux lavés et coiffés, elle avait l'air moins terrorisé – mais la fatigue se lisait sur son visage. Elle eut la force de boire une demi-tasse de thé et d'avaler quelques bouchées de riz, avant de s'écrouler, vaincue par le sommeil.

Elle dormait encore lorsque, le lendemain matin, Parvana quitta la maison pour aller travailler.

« Va me chercher de l'eau, ma chérie, s'il te plaît, lui demanda Mme Weera avant qu'elle ne s'absente. Ses vêtements ont besoin d'une bonne lessive, à cette pauvre fille. »

Le second soir, enfin, après s'être restaurée, la fille put raconter son histoire.

« Je m'appelle Homa, se présenta-t-elle. Je me suis enfuie de Mazar-e-Charif juste après que les taliban ont pris possession de la ville.

— Qu'est-ce que tu dis ? Les taliban ont pris Mazar ? ! s'écria Parvana. Mais c'est faux ! C'est impossible ! Ma mère est là-bas. Et mon frère et mes sœurs, ils y sont tous !

— Les taliban sont à Mazar, oui, répéta Homa. Ils passaient d'une maison à l'autre, ils voulaient chasser les ennemis, comme ils disaient. Ils sont venus chez moi. Ils sont entrés ! Ils ont attrapé mon père et mon frère, ils les ont fait sortir. Ils les ont abattus dans la rue, sous nos fenêtres. Ma mère a voulu les frapper ; ils l'ont tuée, elle aussi. J'ai couru à l'intérieur et je me suis cachée dans un placard. J'y suis restée longtemps, très longtemps. Je pensais qu'ils allaient me tuer à mon tour, mais ils en avaient fini là, ils étaient déjà occupés à tuer d'autres gens dans d'autres maisons.

« Au bout d'un moment, je suis sortie du placard et je suis descendue au rez-de-chaussée. Il y avait des corps partout sur la chaussée. Des soldats patrouillaient dans le quartier avec leur camion. Ils nous ont formellement interdit de déplacer les corps de nos proches ; on n'avait même pas le droit de les couvrir. Ils nous ordonnaient de rester chez nous.

« J'avais tellement peur qu'ils ne reviennent pour me tuer ! Quand la nuit est tombée, j'ai couru dehors. J'allais de maison en maison, je faisais attention à ce que les soldats ne me voient pas. Il y avait des cadavres partout. Des chiens errants avaient commencé à les dévorer : on voyait des morceaux de chair éparpillés sur les trottoirs et sur la chaussée. J'en ai même vu un avec un bras entier dans la gueule !

« Au bout d'un moment, je n'en pouvais plus. Il y avait un camion en stationnement, le moteur allumé. J'ai sauté à l'arrière et je me suis cachée sous des ballots. Je me fichais complètement de là où il allait : ça ne pouvait pas être pire que ce que j'avais vu.

« Nous avons roulé pendant longtemps, ça m'a

paru interminable. À un moment, nous nous sommes arrêtés ; c'était Kaboul. Je suis sortie du camion et je me suis réfugiée dans l'immeuble où Parvana m'a trouvée. »

Homa se mit à pleurer.

« Je les ai laissés là-bas ! J'ai laissé ma mère, mon père et mon frère dans la rue, et maintenant ils se font dévorer par les chiens ! »

Mme Weera mit son bras autour de son épaule, mais la jeune fille était secouée de sanglots. Elle pleura durant de longues minutes, puis, épuisée, s'écroula de sommeil.

Parvana était incapable de réagir, incapable de prononcer un seul mot. Elle n'avait qu'une image en tête : sa mère, ses sœurs et son frère, morts, dans la rue, dans une ville inconnue d'elle.

« Rien ne prouve qu'il est arrivé quelque chose à ta famille, dit Mme Weera. Ta mère est dégourdie, elle n'est pas le genre à se laisser faire, Nooria non plus. Elles sont en vie, nous ne devons pas nous faire de souci. Il faut garder espoir ! »

Mais c'en était trop pour Parvana. Elle fit comme sa mère avait fait : à grand-peine elle se dirigea vers le *doshak*, se couvrit la tête d'une vieille couverture et décida de ne plus bouger de là.

Durant deux jours entiers, elle resta prostrée ainsi.

« C'est comme ça que font les femmes, dans notre

famille, quand elles ont du chagrin, expliqua-t-elle à Mme Weera.

— Mais elles n'y restent pas pendant des années, répliqua cette dernière. Elles se relèvent, et elles continuent à se battre. »

Parvana ne répondit rien. Elle ne voulait plus se relever. Elle n'en pouvait plus, de devoir se battre.

Au début, Mme Weera la laissa tranquille. Elle avait bien assez à faire avec Homa et sa petite-fille.

L'après-midi du deuxième jour, Shauzia frappa à la porte de l'appartement.

« Je suis bien contente que tu sois venue », lui dit Mme Weera en désignant Parvana d'un geste.

Elles sortirent un instant sur le palier pour parler un peu tranquillement sans que Parvana puisse les entendre. Puis elles rentrèrent ; Shauzia alla chercher un ou deux seaux d'eau, avant de s'asseoir sur le *doshak* à côté de Parvana.

Pendant un petit moment, elle parla de choses et d'autres : combien elle avait gagné, les gens qu'elle avait vus sur le marché, de quoi elle avait parlé avec les serveurs de thé et d'autres garçons qui travaillaient là. Puis elle lui dit :

« Ça ne me plaît pas, de travailler toute seule. C'est pas pareil quand tu n'es pas là. Pourquoi est-ce que tu ne reviens pas ? »

Parvana savait qu'elle n'allait pas pouvoir refuser. Depuis le début, elle se disait au fond d'elle-même qu'elle devrait bien se relever un jour : elle n'allait pas rester allongée sur ce *doshak* indéfiniment, évidemment. Quelque chose en elle lui disait de renoncer à tout ; mais une autre petite voix la poussait à se lever, à continuer à vivre, à continuer à être l'amie de Shauzia. Il avait suffi d'un petit coup de pouce de celle-ci, et cette petite voix-là l'avait emporté.

Parvana sortit de son lit, et reprit la vie qui était la sienne depuis des mois : aller travailler au marché, aller chercher de l'eau, et, le soir, écouter les histoires que Mme Weera lui racontait ; et puis il y avait Homa, qu'elle apprenait à connaître. Qu'y avait-il d'autre à faire dans sa vie, de toute façon ? Mais elle avançait dans l'existence avec l'impression de traverser un épouvantable cauchemar – un cauchemar sans aucune lumière qui puisse y mettre fin.

Puis un jour, en fin d'après-midi, Parvana rentra chez elle et trouva deux hommes qui, avec beaucoup de douceur, aidaient son père à monter l'escalier qui conduisait à l'appartement. Il était en vie. Le cauchemar commençait à être un petit peu moins terrible.

15

Cet homme qui sortait de prison était à peine reconnaissable, mais Parvana l'aurait reconnu entre mille. Son *shalwar kamiz* blanc était gris et loqueteux, son visage était pâle et défait, mais c'était bien lui, c'était son père. Parvana le prit dans ses bras et le serra tellement fort que Mme Weera dut l'obliger à relâcher son étreinte pour le laisser s'allonger.

« Nous l'avons trouvé par terre, à la porte de la prison, dit l'un des deux hommes qui l'avaient transporté. Les taliban l'ont libéré, mais il était incapable d'aller nulle part tout seul. Il nous a indiqué où il habitait, et avec mon copain on l'a installé sur notre *karachi* pour l'emmener jusqu'ici. »

Parvana s'était assise sur le *doshak* à côté de son père, elle le serrait contre elle en sanglotant. Les deux hommes étaient restés boire le thé, mais ce n'est que lorsqu'ils se levèrent pour prendre congé et rentrer chez eux avant le couvre-feu qu'elle réalisa tout ce qu'ils avaient fait.

Elle se leva.

« Merci beaucoup », dit-elle.

Ils partirent. Parvana voulait à nouveau s'allonger à côté de son père, mais Mme Weera l'en empêcha.

« Laisse-le se reposer. Vous aurez tout le temps de parler demain. »

Parvana obéit, mais elle dut attendre de longues journées avant que son père aille un peu mieux. Mme Weera s'occupait de lui comme une infirmière. Malade, très affaibli, il avait à peine la force de prononcer un mot, et il toussait sans cesse.

« Il devait faire sacrément froid et humide, dans cette prison », disait Mme Weera.

Parvana l'aidait à concocter un bouillon qu'elle faisait avaler brûlant à son père à la petite cuiller, jusqu'à ce qu'enfin un jour il pût s'asseoir et manger normalement.

« Alors comme ça, maintenant, tu es à la fois ma fille et mon fils », plaisanta Père quand il fut assez bien remis pour se rendre compte de tout ce qui était survenu pendant son absence.

Il passa la main dans les cheveux tondus de Parvana et sourit.

Celle-ci n'arrêtait pas de faire des allers et retours au robinet pour aller chercher de l'eau. Son père avait été violemment battu, et les pansements que Mme Weera avait posés sur ses blessures devaient être changés et lavés très souvent. Homa les secondait de son mieux : sa tâche principale consistait à s'occuper de la petite-fille de Mme Weera pour qu'elle ne dérange pas Père.

Cela lui était égal, à Parvana, de devoir attendre des jours avant que son père puisse parler. Le seul fait qu'il soit revenu la rendait folle de joie. Ses journées se passaient à travailler, ses soirées à aider Mme Weera. Quand son père commença à se sentir un peu mieux, elle put lui lire des histoires dans les livres qu'il avait cachés dans son tiroir secret.

Homa avait appris un peu d'anglais à l'école et, un soir, alors que Parvana rentrait du marché, elle entendit son père et elle dans une grande conversation en anglais. Pour Homa, ça n'était pas encore très facile, mais Père n'avait aucun mal : les mots lui venaient tout naturellement.

« Dis-moi, est-ce qu'aujourd'hui tu nous as amené une autre jeune femme instruite ? demanda-t-il à Parvana avec un sourire.

— Non, Père, répondit-elle. Juste des oignons. »

Ce fut un éclat de rire général, le premier dans la

maison de Parvana depuis des mois – depuis que son père avait été arrêté.

Son père était revenu : au moins une chose qui allait mieux. Peut-être que maintenant le reste de la famille allait revenir aussi.

Parvana était remplie d'espoir et cela lui donnait plein d'énergie. Au marché, elle faisait la chasse aux clients comme les vrais garçons. Mme Weera lui dit un jour que son père avait besoin de tel médicament, et elle travailla d'arrache-pied jusqu'à pouvoir le payer. Le médicament eut l'effet escompté.

« Là au moins, j'ai l'impression de ne pas travailler pour rien, confia-t-elle un jour à Shauzia tandis qu'elles arpentaient le marché à la recherche d'éventuels clients. Je travaille pour faire revenir ma famille.

— Moi non plus, je ne travaille pas pour rien, dit Shauzia. Je travaille pour pouvoir quitter ce pays.

— Et ta famille ? Elle ne va pas te manquer ? demanda Parvana.

— Mon grand-père s'est mis en tête de me trouver un mari, répondit Shauzia. Je l'ai entendu qui en parlait à ma grand-mère. Il lui disait qu'il ne fallait pas attendre ; comme je suis encore très jeune, ça ne leur coûtera pas cher, et ils n'auront plus de souci à se faire pour le restant de leur vie.

— Mais ta mère ne va pas l'en empêcher ?

— Qu'est-ce que tu veux qu'elle fasse ? Elle est

obligée de vivre avec eux. Elle n'a nulle part où aller. »

Shauzia s'arrêta et regarda Parvana.

« *C'est impossible ! Je ne me marierai pas !*

— Comment va faire ta mère, si tu pars ? Comment est-ce qu'elle va faire pour manger ?

— Qu'est-ce que tu veux que je fasse ? demanda Shauzia, qui hurlait maintenant. Si je reste et que je me marie, ma vie est finie. Si je pars, j'aurai peut-être une chance de m'en sortir. Il doit bien y avoir sur cette Terre un endroit où je pourrai vivre, non ? Est-ce que c'est un crime de se dire ça ? »

Elle essuya les larmes qui coulaient sur ses joues.

« Qu'est-ce que je peux faire d'autre ? »

Parvana ne savait comment consoler son amie.

Un jour, Mme Weera eut une visite : un membre du groupe de femmes qui revenait de Mazar. Parvana était au marché, mais le soir, Père lui rapporta les nouvelles.

« Beaucoup de gens ont fui, lui dit-il. Ils sont dans des camps de réfugiés, à l'extérieur de la ville.

— Mère est là-bas, dans un de ces camps ?

— Peut-être. Pour le savoir, il faut y aller.

— Y aller ? Mais comment ? Tu te sens la force de faire le trajet ?

— Je n'aurai jamais la force, avoua Père. Mais nous devons nous y rendre quand même. Il le faut.

— Quand est-ce que nous partons ? demanda Parvana.

— Dès que j'aurai pu organiser le voyage. Est-ce que tu veux bien porter ce message aux hommes qui m'ont aidé à revenir quand je suis sorti de prison ? Je me dis qu'ils pourront nous donner des renseignements, et que nous pourrons partir d'ici à deux semaines, à peu près. »

Parvana avait une question qui lui brûlait les lèvres depuis un moment :

« Pourquoi les taliban t'ont-ils laissé sortir ?

— Je ne sais même pas pour quelle raison ils m'ont arrêté. Comment veux-tu que je sache pourquoi ils m'ont relâché ? »

Parvana allait devoir se contenter de cette réponse.

Encore un bouleversement dans sa vie. Elle-même était surprise de se sentir si calme. Sans doute était-ce parce que son père était revenu, songea-t-elle.

« On va les retrouver, dit-elle d'un ton assuré. On va les retrouver et on les ramènera ici. »

Quant à Mme Weera, elle se rendait au Pakistan.

« Homa va venir avec moi ; on va lui trouver un travail, là-bas. »

Elles allaient prendre contact avec les membres du groupe qui se chargeaient des femmes afghanes en exil.

« Où est-ce que vous serez hébergées ?

— J'ai une cousine, dans un des camps de réfugiés, répondit Mme Weera. Elle m'a demandé de venir vivre avec elle.

— Il y a une école, là-bas ?

— S'il n'y en a pas, nous en ouvrirons une. La vie est très dure, pour les Afghans, au Pakistan. Il y a beaucoup à faire. »

Parvana eut une idée.

« Et si vous emmeniez Shauzia avec vous ?

— Shauzia ?

— Elle veut partir. Elle déteste la vie qu'elle mène, ici. Elle pourrait venir avec vous, non ? Elle pourrait vous servir d'escorte ?

— Mais elle a une famille, ici. Tu veux dire qu'elle la laisserait ? Abandonner l'équipe au beau milieu de la mêlée ? »

Parvana se tut. D'une certaine manière, Mme Weera avait raison : Shauzia « abandonnait l'équipe » au moment où celle-ci avait le plus besoin d'elle. Mais Shauzia aussi avait raison. Après tout, elle avait bien le droit d'aspirer à une vie moins dure, non ? Elles avaient raison toutes les deux, et Parvana ne savait plus quoi penser.

Quelques jours avant le départ pour Mazar, alors que Parvana était assise sur sa couverture au marché, elle sentit quelque chose lui frôler la tête. Un petit chameau en perles. La Dame de la Fenêtre était vivante ! Vivante et en bonne santé, en tout cas suffisamment pour adresser un petit signe à Parvana. Parvana eut envie de sauter de joie et de danser dans tous les sens. De crier et de faire de grands signes de la main en direction de la fenêtre. Mais elle resta assise, sans bouger, et essaya de trouver un moyen pour faire savoir qu'elle partait et dire au revoir.

Elle était presque arrivée chez elle, lorsqu'elle trouva enfin l'idée qu'elle cherchait. Après le dîner, elle retourna au marché et, délicatement, elle cueillit quelques fleurs sauvages qui poussaient dans les ruines des immeubles bombardés. Tous les ans, elle avait vu ces fleurs pousser là, et elle se dit que ce devait être le genre de fleurs qui repousse toujours. Elle n'avait qu'à en planter quelques-unes à l'endroit où elle installait habituellement sa couverture ; comme cela, la Dame de la Fenêtre saurait qu'elle ne reviendrait plus. Elles seraient jolies à regarder, ces fleurs. Parvana espérait que c'était une bonne idée de cadeau.

Au marché, elle commença à creuser le sol de terre battue en cassant les mottes avec son pied, puis avec ses mains, puis en s'aidant d'une pierre qu'elle trouva non loin de là.

Les hommes et les garçons du marché firent un cercle autour d'elle. Pour une fois où il y avait une occasion de se distraire.

« Ces fleurs ne pousseront pas, dans un sol pareil, dit quelqu'un. Elles n'auront rien pour se nourrir.

— Et même si elles poussent, elles vont se faire piétiner.

— Le marché, c'est pas un endroit pour les fleurs. Pourquoi est-ce que tu les plantes ici ? »

Au milieu de toutes ces moqueries, une autre voix se fit entendre :

« Mais il n'y en a donc pas un de vous qui aime la nature ? Ce garçon s'est dit qu'il allait apporter un peu de beauté dans ce marché grisâtre, et c'est comme ça que vous le remerciez ? Vous pourriez l'aider, au moins. »

Un vieil homme se fraya un chemin dans la foule et vint se placer devant Parvana. Avec peine, il s'agenouilla et l'aida à faire ses plantations.

« Les Afghans adorent les belles choses, dit-il, mais nous avons vu tant d'horreurs que parfois nous oublions combien c'est merveilleux, une simple petite fleur comme celle-là. »

Il demanda à l'un des serveurs qui passaient par là d'aller lui chercher un peu d'eau chez le marchand de thé. Il arrosa les fleurs et fit couler plein d'eau tout autour.

Les fleurs avaient fané. Elles étaient toutes avachies.

« Elles sont mortes ? s'inquiéta Parvana.

— Non, non, pas du tout, elles ne sont pas mortes. Elles ont peut-être mauvaise mine et on croit qu'elles le sont, dit-il, mais les racines sont encore bonnes. Dans quelques jours, elles donneront de nouvelles fleurs, qui seront en pleine forme. »

Il tassa doucement la terre une dernière fois et Parvana et les autres l'aidèrent à se relever. Il lui fit encore un sourire, puis s'en alla.

Parvana resta là un moment jusqu'à ce que la foule se soit dispersée. Quand elle fut certaine que personne ne la regardait, elle leva les yeux et adressa à la fenêtre un petit signe de la main. Elle n'en fut pas très sûre, mais elle eut l'impression d'avoir vu quelqu'un lui répondre.

Deux jours plus tard, c'était le départ. Ils allaient voyager en camion, comme sa mère et ses frère et sœurs.

« Pendant le trajet, je devrai me présenter comme ton fils ou comme ta fille ? demanda Parvana à son père.

— C'est toi qui décides, répondit-il. De toute façon, tu seras toujours ma petite Malali.

— Regardez ! » dit Mme Weera.

Après s'être assurée qu'il n'y avait aucun danger, elle sortit de sous son *tchadri* plusieurs exemplaires du magazine de Mère.

« Magnifique, non ? »

Parvana les feuilleta rapidement avant de les rendre à Mme Weera qui s'empressa de les cacher à nouveau.

« Oui, c'est magnifique, s'exclama-t-elle.

— Dis à ta mère qu'on en envoie des exemplaires aux femmes du monde entier. Grâce à elle, le monde entier saura ce qui se passe en Afghanistan. Tu le lui diras, hein ? Ce qu'elle a fait, c'est extrêmement important. Et dis-lui aussi qu'on a besoin d'elle : il faut qu'elle revienne, pour qu'on prépare le deuxième numéro.

— Je le lui dirai. »

Elle serra Mme Weera dans ses bras. Homa et elle portaient toutes deux un *tchadri*, mais Parvana, quand elle les embrassait, savait très bien qui était qui.

Il était temps de partir. Tout d'un coup, alors que le camion s'engageait sur la route, Shauzia apparut.

« C'est toi ! s'écria Parvana en se jetant dans les bras de son amie.

— Au revoir, Parvana », la salua Shauzia.

Elle lui tendit un sachet plein d'abricots secs.

« Je vais partir, moi aussi, très bientôt. J'ai rencontré des nomades qui vont me prendre comme berger jusqu'au Pakistan. Je n'aurai pas à attendre jusqu'au printemps prochain. Je vais me sentir drôlement seule, ici, sans toi. »

Parvana ne voulait pas encore prendre congé.

« Quand est-ce que nous allons nous revoir ? demanda-t-elle, affolée. Et comment est-ce que nous ferons pour nous retrouver ?

— J'ai tout prévu, dit Shauzia. Nous nous retrouverons le premier jour du printemps, dans vingt ans.

— D'accord. Où ça ?

— En haut de la tour Eiffel, à Paris. Je t'ai dit que je voulais aller en France. »

Parvana éclata de rire.

« D'accord, j'y serai, promit-elle. Alors on ne se dit pas " adieu ". On se dit seulement " à dans quelque temps ".

— Jusqu'à la prochaine fois », conclut Shauzia.

Parvana serra son amie dans ses bras une dernière fois, puis grimpa dans le camion. Elles se quittèrent en se faisant de grands signes de la main, tandis que le véhicule démarrait.

« Dans vingt ans », pensa Parvana. Qu'allait-il se passer, durant tout ce temps-là ? Est-ce qu'elle serait encore en Afghanistan ? Est-ce que son pays aurait enfin trouvé la paix ? Est-ce qu'elle retournerait à l'école, est-ce qu'elle trouverait du travail, est-ce qu'elle se marierait ?

L'avenir, pour elle, était sur cette route, devant elle, inconnu. Sa mère, son frère et ses sœurs étaient quelque part au bout de cette route, tout là-bas. Parvana les retrouverait sûrement ; mais que deviendraient-ils ? De toute façon, quoi qu'il en soit, elle se sentait prête. Elle était même impatiente de voir ce qu'il y avait au bout de ce chemin.

Elle s'installa au fond du camion, près de son père. Elle prit un abricot ; il était doux et sucré, il fondait sous la langue. À travers le pare-brise crasseux, elle pouvait voir le « mont Parvana », avec la neige, au sommet, qui étincelait sous le soleil.

Note de l'éditeur

L'Afghanistan est un pays de l'Asie centrale un peu plus grand que la France, dont les paysages sont très variés : massif montagneux de l'Hindou Kouch, campagnes irriguées par de belles rivières et déserts dorés magnifiques. Dans les vallées fertiles, on produisait de grandes quantités de fruits, de céréales et de légumes. Les conquérants et les explorateurs, au fil des siècles, ont considéré l'Afghanistan comme la porte qui leur ouvrait les régions de l'Inde, plus à l'est.

En 1978 a lieu un coup d'État du Parti communiste afghan qui a voulu appliquer un programme moderniste. Mais celui-ci a été ressenti comme trop brutal par la majeure partie de la population, très attachée à la culture islamique : sous la conduite de différents chefs de tribus (dont le commandant Massoud) celle-ci s'est soulevée et a entamé une résistance armée. Pour soutenir le gouvernement qui commençait à être fragilisé, l'armée soviétique est intervenue en Afghanistan, en 1979. L'événement a produit, dans de très nombreux pays, une intense émotion ; il a été condamné par l'ONU. Les États-Unis et le Pakistan ont fourni des armes à la population afghane pour l'aider dans sa résistance contre les Soviétiques. Cette période a duré dix ans : les Soviétiques, qui perdaient le contrôle sur le pays, ont fini par se retirer en 1989.

Mais, après leur départ, les traditionnelles tensions entre les différentes ethnies se sont exacerbées. Elles ont débouché sur une guerre civile en 1992, qui dure encore aujourd'hui. Les principales étapes de cette guerre sont l'arrivée de la milice des taliban, soutenue par le Pakistan, en 1994, dans le jeu politique, et leur conquête progressive du pouvoir jusqu'à la prise de Kaboul, en 1996.

Vingt ans de guerre ont conduit des centaines de milliers d'Afghans à l'exil, et un grand nombre d'entre eux vivent encore dans d'immenses camps de réfugiés au Pakistan et en Iran. Des centaines de milliers d'autres ont été tués, estropiés ou ont perdu la vue. Vingt ans de guerre ont également détruit une grande partie des voies de communication. L'économie est dévastée. Très peu d'Afghans ont accès à l'eau courante. Au fil des années de guerre, les champs ont été truffés de mines : ce qui rend toute culture impossible et entraîne la mort par malnutrition ou famine de nombreux habitants.

Les taliban, qui ont pris le contrôle de la capitale en 1996, appliquent la charia, ou loi islamique, d'une manière de plus en plus stricte : port de la barbe obligatoire pour les hommes, interdiction de toute musique, danse ou télévision ; des livres ont fait l'objet d'autodafés. C'est sans doute pour les femmes que les conditions de vie sont les plus dures : les filles n'ont plus le droit d'aller à l'école, les femmes ne peuvent plus exercer leur profession ; elles n'ont pas le droit de sortir dans la rue sans être accompagnées d'un homme et doivent revêtir le *tchadri*, ou *burqua*, qui les dissimule des pieds à la tête.

Les taliban, issus de l'ethnie pachtoune, majoritaire en Afghanistan, font régner la terreur sur 90 % du pays. Par ailleurs, les combats entre ethnies continuent, soutenus par les pays voisins ou occidentaux dont les intérêts divergent : les Russes tiennent à garder leur influence sur cette région d'Asie centrale ; les États-Unis souhaitent faire passer un pipe-line sur le territoire afghan, et s'opposent sur ce point à l'Iran... L'avenir est bien sombre pour ce pays qui suscite par son emplacement les convoitises des grandes puissances internationales.

août 2001.

Post-Scriptum

« L'idée du roman *Parvana* m'est venue directement de la vie que mènent les femmes et les jeunes filles d'Afghanistan d'aujourd'hui. J'ai moi-même passé du temps dans les camps de réfugiés afghans situés au nord-ouest du Pakistan et j'ai rencontré là-bas une femme dont la fillette de dix ans, une fois revenue en Afghanistan, agissait exactement comme Parvana dans le roman, c'est-à-dire qu'elle se faisait passer pour un garçon dans les rues de Kaboul afin de subvenir aux besoins de sa famille. J'ai vraiment rencontré beaucoup de femmes et de jeunes filles pleines de courage qui essayaient de survivre avec dignité et d'améliorer le quotidien malgré les risques encourus et malgré l'atrocité des conditions de vie.

L'espoir que l'on peut avoir pour les enfants d'Afghanistan repose sur deux choses : d'une part sur leur propre courage et d'autre part sur les gens qui vivent hors d'Afghanistan et qui font tout leur possible à la fois pour prendre en charge les millions de réfugiés et pour aider précisément ces femmes qui agissent en secret au cœur de l'Afghanistan dans le but de donner une éducation et de rendre libres les femmes et les jeunes filles. »

Deborah Ellis

les talibans = étudiants en théologie

« Pour l'éditeur, le principe est d'utiliser des papiers composés de fibres naturelles, renouvelables, recyclables et fabriquées à partir de bois issus de forêts qui adoptent un système d'aménagement durable. En outre, l'éditeur attend de ses fournisseurs de papier qu'ils s'inscrivent dans une démarche de certification environnementale reconnue. »

Édité par la Librairie Générale Française - LPJ
(58 rue Jean Bleuzen, 92170 Vanves)

Composition Jouve
Achevé d'imprimer en France par Laballery
N° d'impression : 010482
Dépôt légal 1re publication septembre 2014
70.5557.8/06 - ISBN : 978-2-01-001612-7
Loi n° 49-956 du 16 juillet 1949 sur les publications destinées à la jeunesse
Dépôt légal : novembre 2020